LES
MYSTÈRES DE LA MAIN

LA
CHIROMANCIE

OU

LA CONNAISSANCE DE L'AVENIR

PAR

LES LIGNES DE LA MAIN

PARIS
VERMOT, ÉDITEUR
6 ET 8, RUE DUGUAY-TROUIN

INTRODUCTION

DÉFINITION ET BUT DE LA CHIROMANCIE

La CHIROMANCIE est l'art de lire l'avenir à l'aide DES LIGNES DE LA MAIN : le terme vient de deux mots grecs qui signifient absolument cela.

C'est la plus vraie et la plus frappante des Sciences Occultes.

Elle fut en honneur de tous temps. Il est probable qu'elle naquit dans l'Inde dès les premiers siècles de l'humanité. Les Hébreux la codifièrent. Platon, Aristote et Gallien la cultivèrent avec respect. Elle eut aussi beaucoup de vogue à Rome Enfin, pendant notre moyen âge, la chiromancie eut ses martyrs : des astrologues et des sorciers préférèrent se laisser brûler vifs plutôt que de renoncer à la pratique de cette science magique.

Après quelques années de défaveur, dues à la maladresse de quelques osés charlatans, la chiromancie a repris la place qui lui est réservée. Le capitaine d'Arpentigny et M. Désbarolles, en particulier, firent beaucoup pour cette rénovation. Mais c'est surtout la renaissance idéaliste, le regain de la foi, l'amour nouveau des mystères qui nous ont engagé à publier ce nouveau traité que nous voulons clair et bon conseiller.

Car le caractère véritablement original de cette science merveilleuse, c'est d'*avertir*. Elle affirme bien, elle dit : *ceci sera*, mais si l'on approfondit ses révélations, on s'aperçoit qu'elles ne restent valables que si les mêmes influences qui pèsent sur vous, au moment de l'examen de votre main, continuent à vous dominer. Et c'est là une des découvertes tout à fait modernes de la chiromancie. De nombreuses expériences nous ont amené à formuler ainsi ce caractère : changez de vie, vos lignes changeront et par conséquent votre avenir sera modifié.

La VOLONTÉ reste ici maîtresse souveraine !

Et vous voyez alors quel magnifique pouvoir s'arroge la *chiromancie*. Elle vous guide pour ainsi dire vers l'avenir que vous rêvez.

Vous aspirez à tel caractère. Votre main vous dit : Très bien, mais corrigez-vous d'abord de tels et tels défauts qui vous empêcheront de parvenir à cette perfection désirée. Et alors, vous vous surveillez, vous vous améliorez et, au bout de quelques années, vous êtes tout étonné de lire vos progrès dans votre main.

CHAPITRE PREMIER

DESCRIPTION DE LA MAIN NORMALE

Nous allons autant que possible multiplier les figures explicatives : c'est encore le meilleur moyen pour initier le lecteur à ces études.

Nous décrirons les lignes l'une après l'autre, avec

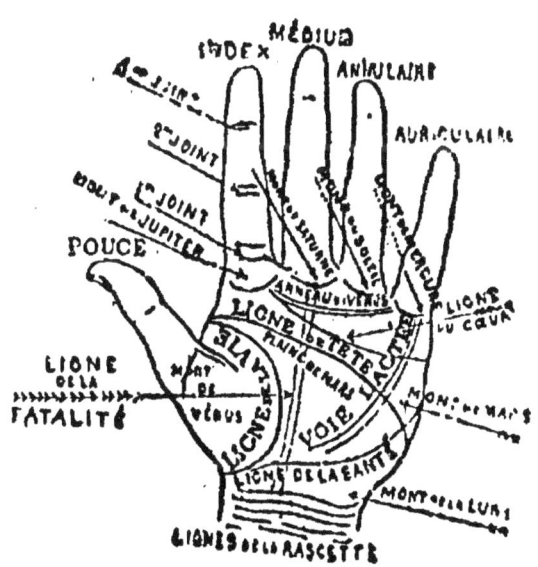

Fig. 1. — Ensemble de la main.

beaucoup de détails, sans cependant nous perdre dans l'infiniment petit, où la netteté finit par faire défaut

Voyons d'abord l'ensemble de la main.

La main se divise en quatre parties bien distinctes :
La partie haute ;
— basse ;
— inférieure ;
— supérieure.

La partie *haute* comprend l'extrémité des doigts, au-dessus de la ligne AB.

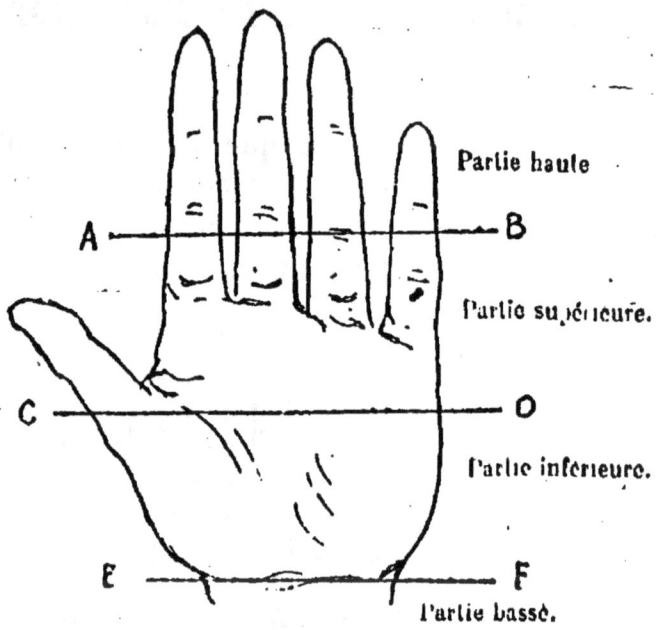

Fig. 2. — Division de la main en quatre parties.

La partie *basse* est le poignet, le passage de la main au bras ; la *rascette*, au-dessous de la ligne EF.

La partie *supérieure* est la portion de la main située en face du pouce, entre les lignes AB et CD.

Enfin la partie *inférieure* s'étend au-dessous de celle-ci et au-dessus de la rascette, soit entre les lignes CD et EF.

La main de l'homme est en quelque sorte un diminutif du corps entier. Chacune des parties essentielles du corps, chaque principal organe envoie à un endro précis de la main le sang et la vie et avec la vie, certaines tendances, certaines vertus secrètes qui font que cette partie du corps et cette portion de la main sont à jamais unis par des liens secrets d'amitié indéracinable. Si bien que les modifications qui surgissent dans la forme et les plis de la main avertissent d'un trouble ou d'un simple changement imminent de l'organisme entier.

Voilà pour les événements physiques. Mais les événements moraux et divins ne sont pas moins bien dénoncés par les mouvements des lignes. Chaque partie de la main correspond en effet à un coin du cerveau et, à la fois, est sous l'influence d'un astre. Dans les choses terrestres, comme dans les choses célestes, tout est lié, rien ne se fait sans préalable avertissement. Aux hommes à étudier leurs propres dispositions à ces événements et accidents, pour les mieux accueillir ou les éloigner avec plus de fermeté.

RÉPONSE AUX INCRÉDULES

Si des personnes incrédules vous disent, en souriant malignement, que les lignes de la main dépendent tout bonnement des occupations habituelles, du métier, prenez la main d'un nouveau-né et montrez à vos interlocuteurs des lignes très nettes et très variées que peut-être ils voudront bien accepter comme ne venant pas d'une profession.

Et ainsi sera détruite la grosse objection qu'on oppose à la légitimité de cette belle science.

LES DOIGTS ET LES JOINTURES

Les doigts commencent dès la première jointure (voir fig. 3), nous n'en dirons que quelques mots.

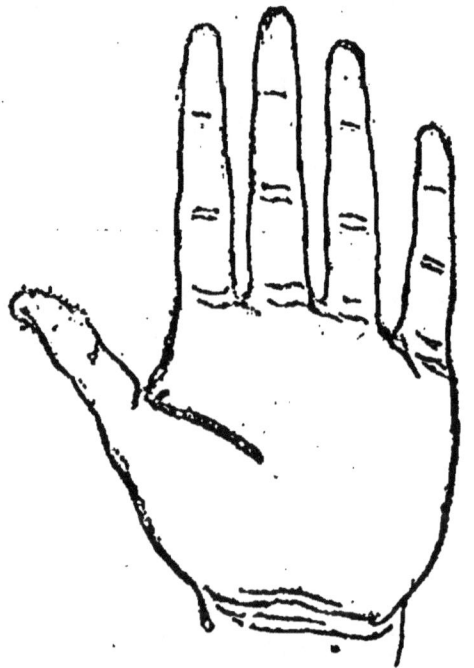

Fig. 3. — Les doigts et leurs jointures.

Leurs noms sont d'ailleurs bien connus :
Le pouce ou *pollex*,
L'index ou doigt indicateur,
Le médius ou *médium*, doigt du milieu,
L'annulaire, le doigt qui porte les bagues,
Le petit doigt ou *auriculaire*.
Le pouce a deux jointures, chacun des autres doigts en a trois, ce qui fait quatorze au total. La première

jointure est celle qui se trouve à la racine même du doigt.

La *rascette* ou ensemble des lignes du poignet, peut être considérée comme la quinzième jointure.

***

LA PAUME DE LA MAIN

Ce qui frappe ensuite dans l'examen de la main normale, ce sont les diverses proéminences ou mieux les *monts*.

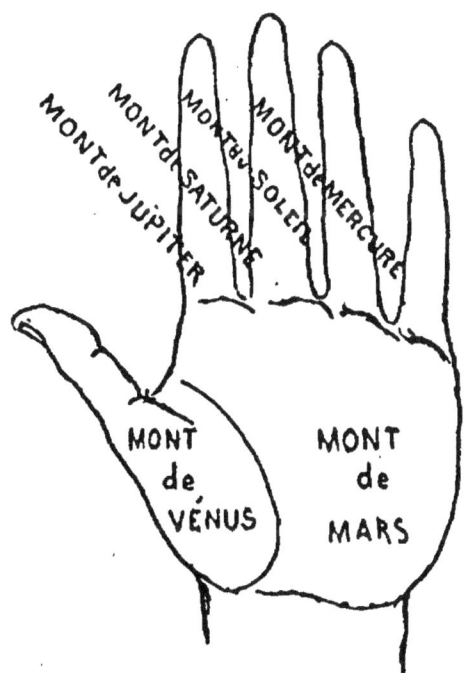

Fig. 4. — Les monts.

Ils sont au nombre de six.
Quatre à la base des doigts ; en voici les noms :
A la base de l'index : le mont de *Jupiter* ;
À la base du médius : le mont de *Saturne* ;

A la base de l'annulaire : le mont du *Soleil* ;
A la base de l'auriculaire : le mont de *Mercure* ;
Un à la base du pouce : le mont de *Vénus*.

Le dernier, le mont de la *Lune* se trouve à la partie de la paume opposée au pouce.

Au centre de tous ces monts s'étend la *plaine de Mars* voir fig. 1).

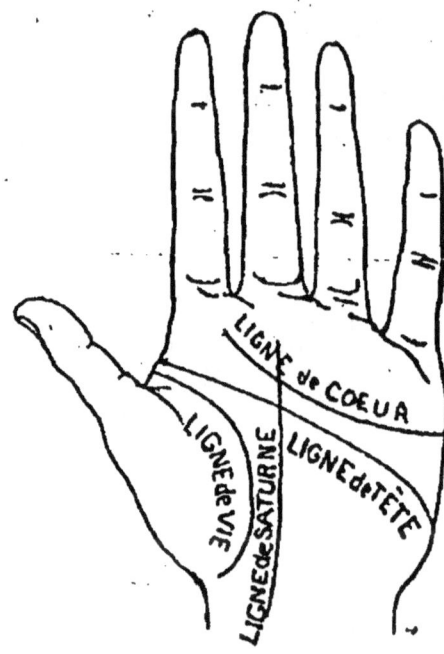

Fig. 5. — Les quatre principales lignes.

Voici les *signes* dont on a l'habitude de se servir pour désigner ces monts et cette plaine. Nous mettons en regard le caractère principal de chacun d'eux

♃ Jupiter, *commandement, autorité* ;
♄ Saturne, *fatalité, destin* ;
☉ Soleil, *renommée, gloire* ;
☿ Mercure, *adresse, astuce* ;
♀ Vénus, *amour, intelligence, volonté* ;
☽ Lune, *imagination, contemplation* ;
♂ Mars, *courage, violence*.

DESCRIPTION DE LA MAIN NORMALE

Nous arrivons aux *lignes*. Les quatre principales, celles qui frappent tout d'abord sont :

La ligne *de vie* ;
La ligne *de tête* ;
La ligne *de Saturne* (fatalité) ;
La ligne *du cœur*.

Nous consacrerons un chapitre à chacune d'elles, en raison de leur importance capitale.

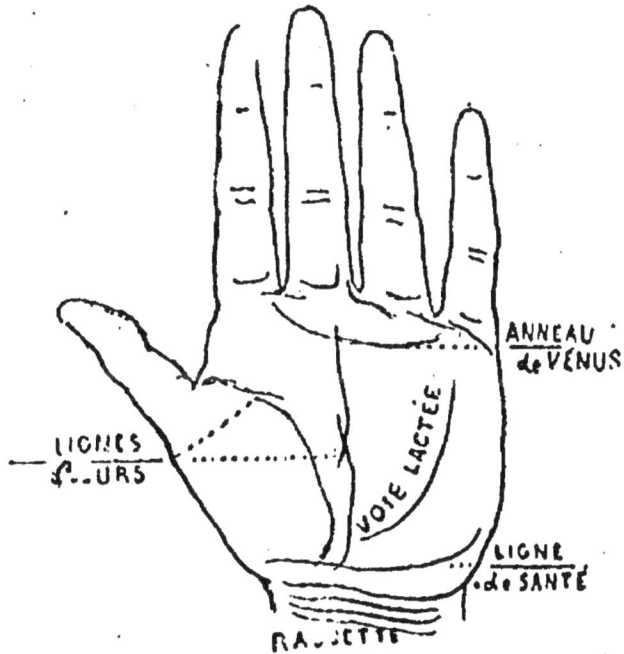

Fig. 6. — Les lignes secondaires.

Les autres lignes sont bien moins nettes, plus courtes, elles forment souvent des sortes de hachures, des cercles, des étoiles, des carrés.

On peut non seulement les examiner au point de vue de la forme, mais aussi au point de vue de leur situation entre elles : elles peuvent être horizontales, verticales, obliques, arrondies, etc., etc.

Voici les noms des principales lignes *secondaires*
La *voie lactée*;
Les *lignes sœurs*;
La ligne *de santé*;
L'*anneau de Vénus*;
La *rascette* ou ensemble des lignes du poignet.

Les lignes qu'on ne retrouve pas dans toutes les mains et qui, par ce fait, annoncent un caractère particulier chez la personne qui les possède, s'appellent :

Lignes accidentelles.

En des chapitres à part nous étudierons chacune à leur tour ces lignes, non moins curieuses que les lignes principales; nous ouvrirons un paragraphe spécial pour chaque subdivision, et nous décrirons les diverses phases d'ensemble de chacune des parties de la main.

Il n'est pas superflu de rappeler au lecteur que la plus grande attention est nécessaire et qu'il ne lui faut pas se laisser rebuter du premier abord, mais bien au contraire nous suivre pas à pas, mot à mot, s'il veut se bien pénétrer de cette belle science, et en posséder tous les secrets.

CHOIX DE LA MAIN A ÉTUDIER

La base de l'étude doit reposer sur la *main gauche*. Il y a plusieurs raisons qui poussent à ce choix.

D'abord la main gauche, un peu paresseuse, est la plus nette, la moins fatiguée, la moins abîmée.

Les anciens la préféraient parce qu'elle était dédiée à Jupiter et aussi parce qu'elle était la *main du cœur*.

Toutefois, il ne faut pas négliger complètement la main droite. Un détail peu net dans la main gauche se précise quelquefois dans la main droite. Il arrive même que certaines lignes n'existent que dans cette dernière main.

Pour lire dans la main, il faut la placer de cette façon :

Fig. 7.
Main à plat dos sur une table pour la consultation.

Le plus à plat possible sur la table, la paume tournée vers le ciel. A de certains moments, suivant les indications du chiromancien, fermer à demi la main, former cuvette avec la paume, de façon à accentuer les plis. Puis tendre brusquement la main, l'ouvrir le plus possible, de telle sorte que les lignes restent un instant colorées de sang. La lecture ainsi sera facilitée, et les monts très visibles.

L'aspect général de la main se rapproche beaucoup d'une carte géographique où seraient marquées seulement les montagnes et les vallées.

Il s'agit maintenant de faire la géographie politique, pour ainsi dire, de cette contrée fabuleuse. Chaque petit coin de territoire a ici son histoire et ses légendes, son passé et aussi son avenir.

Et de cette histoire nous pourrons tirer une morale et une philosophie.

Une morale, c'est-à-dire des principes de vie, une ligne de conduite.

Une philosophie, c'est-à-dire un agrandissement des principes jusqu'à la sagesse imperturbable des forts, des grands, presque des dieux.

CHAPITRE II

EXAMEN GÉNÉRAL DE LA MAIN

Le chiromancien, avant de consulter les lignes et les monts, examine la physionomie générale de la main. Il se renseigne de cette façon, avec assez de précision, sur le caractère et les habitudes du sujet. Et ces observations préliminaires lui seront d'un certain secours

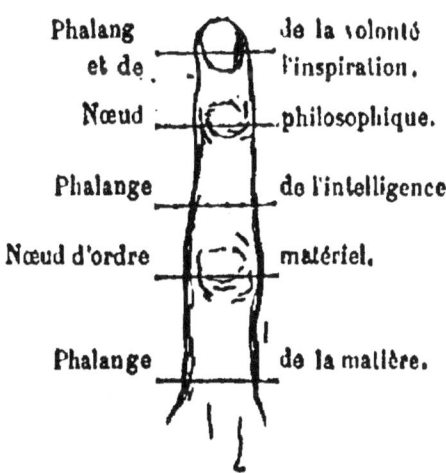

Fig. 8. — Divisions magiques du doigt.

pour le classement des découvertes plus circonstanciées qu'il fera, en étudiant pour ainsi dire, les profondeurs révélatrices de la main.

La figure ci-dessus montre les divisions magiques du doigt.

La première phalange, la phalange onglée représente

la partie en communication directe avec les astres, c'est l'*inspiration*, c'est aussi, dans ses rapports avec la phalange suivante : *la volonté*.

La seconde phalange représente l'*intelligence*. Ces deux premières phalanges sont séparées par le *nœud philosophique*, limite entre le monde divin, surnaturel, et le monde moral, un peu inférieur en qualité.

La troisième phalange est la phalange de la *matière*. On y arrive par le nœud d'ordre matériel qui s'attache à la main proprement dite.

Le pouce est le doigt par excellence : c'est l'indice de la supériorité et de la volonté, car, à lui seul, il peut imposer sa volonté aux quatre autres doigts, qui eux ne peuvent rien faire sans lui. L'homme seul possède le *pouce*. Aussi est-ce ce doigt qu'il faut examiner de plus près, en ses différentes transformations.

PREMIÈRE PHALANGE

Si elle est *courte :* volonté faible.
- *longue* et forte : volonté tenace, énergique, vif désir de dominer et d'arriver à la perfection.
- *trop longue :* exagération du désir de dominer, tendance à la tyrannie (fig. B).
- *moyenne :* résistance plutôt passive, force d'inertie.
- *très courte :* insouciance extrême ; opinions changeantes ; enthousiasmes et désespoirs prompts et irréfléchis ; caractère sans consistance (fig. A.).

DEUXIÈME PHALANGE

Longue et forte : intelligence et logique puissantes (fig. C).

Courte : logique faible, intelligence plutôt médiocre.
La figure D indique la forme la plus habituelle du

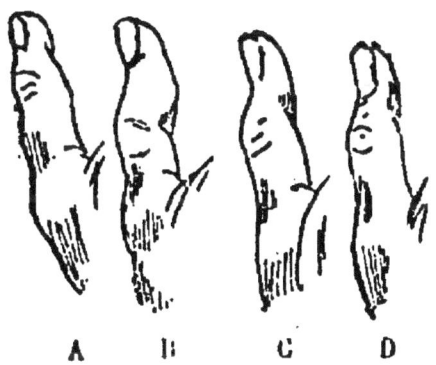

Fig. 9. — Diverses formes du pouce.

pouce, la moyenne ordinaire, un juste équilibre entre les diverses facultés.

Comparaisons entre la première et la deuxième phalange.

Si la première phalange est plus forte que la seconde, la volonté dominera une logique faible. Le sujet sera très maître de lui, mais son intelligence ne lui sera malheureusement pas d'un secours suffisant.

Si au contraire la seconde phalange est de beaucoup plus longue que la première, le sujet aura plus de logique que de volonté : il sera intelligent, mais sans foi en lui-même.

TROISIÈME PHALANGE

Dans le pouce, cette troisième phalange est constituée par le mont du pouce ou Mont de Vénus. Elle est le siège de la matière comme dans les autres doigts, mais aussi plus particulièrement de *l'amour sensuel.*

Si donc cette phalange et le mont qui la recouvre sont très développés, cela signifie que la passion brutale dominera le sujet.

Si elle est de taille et de développement plus modestes, plus en harmonie avec les autres phalanges du pouce et aussi avec le reste de la main, le sujet sera amoureux encore, mais modérément, raisonnablement.

Si cette partie est déprimée : sécheresse de cœur, répugnance pour l'amour brutal, sensualité nulle.

Dans le pouce, ce doigt par excellence qui caractérise l'homme, il semble que la nature ait voulu se laisser deviner plus que dans aucun des autres doigts, c'est ce qui explique pourquoi, d'une manière générale, les personnes franches, les bonnes natures, portent en marchant la main grande ouverte et laissent le pouce bien apparent et tourné en dehors, tandis que les gens hypocrites, cauteleux, dissimulent inconsciemment le leur et, comme pour ne pas laisser entrevoir leur vilaine âme, conservent toujours la main à demi fermée.

Cette remarque presque infaillible nous a été suggérée par une longue expérience; elle est en tout cas on ne peut plus facile à contrôler.

FORME DES DOIGTS

Les doigts peuvent affecter trois formes particulières, qui les font ranger en autant de catégories distinctes :

1° Ils peuvent être *spatulés*, c'est-à-dire que l'extrémité s'évase un peu ;

2° Ils peuvent être *carrés* ;

3° Ils peuvent être *effilés* ou *pointus* ;

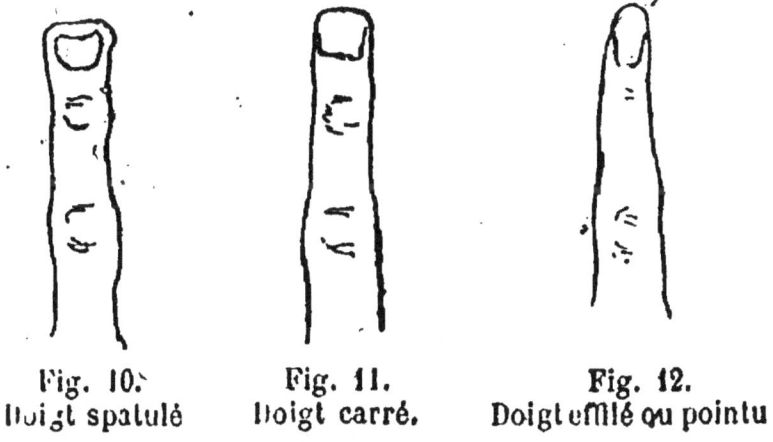

Fig. 10. Fig. 11. Fig. 12.
Doigt spatulé. Doigt carré. Doigt effilé ou pointu

Voici les diverses significations de ces trois formes particulières :

1° *Doigts spatulés* : désir de l'action, sentiment développé de l'intérêt matériel. Homme pratique, travailleur acharné.

2° *Doigts carrés* : homme d'ordre, de raison.

3° *Doigts pointus* : poète, inventeur, propension à l'extase, à l'inspiration.

Trois exemples feront comprendre les caractères qui s'attachent à ces formes :

Rubens avait les doigts spatulés, Rubens, le peintre charnel.

Le Poussin, Albert Dürer, avaient les doigts carrés : c'étaient des peintres de la réalité raisonnée.

Enfin Raphaël, le Pérugin, avaient des doigts pointus bien en harmonie avec leur art tout imaginatif.

LES NŒUDS

Les doigts peuvent être lisses ou montrer des *nœuds* plus ou moins développés.

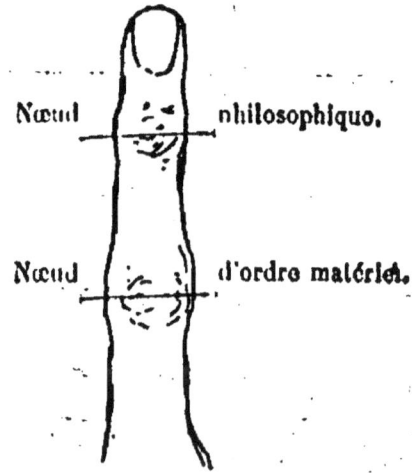

Fig. 13. — Les nœuds.

Voici les noms de ces nœuds et leur situation respective.

Le nœud qui sépare la phalange onglée de la seconde phalange s'appelle *nœud philosophique*. S'il est développé, il y a accord entre vos idées morales et vos idées philosophiques et surnaturelles ; vous avez des dispositions à passer de la vie intelligente aux spéculations d'ordre spirituel.

Le second nœud, situé entre le monde matériel et le monde moral, s'appelle *nœud d'ordre matériel*. S'il fort visible, cela indique que vous vous préoccupez spécialement de votre avenir matériel : votre fortune et votre santé vous intéressent davantage que la vie à venir et les dissertations philosophiques et scientifiques.

Si le doigt pointu est compliqué du nœud philosophique, cela indique qu'il y a désaccord, lutte, entre la raison et l'imagination.

Si le doigt orné du nœud philosophique est au contraire carré, cela est plus régulier. Il y a en effet harmonie : le doigt carré indiquant l'homme de raison et le nœud philosophique, la recherche, le raisonnement.

Le doigt spatulé, à nœud philosophique, dénonce les tendances à rapporter à la réalité les raisonnements spéculatifs : les esprits politiques, par exemple, en sont pourvus.

Tels sont les principaux caractères que dévoile la forme des doigts chez l'homme adulte. On peut en suivre les transformations, depuis l'enfance jusqu'à la vieillesse de l'individu. Une application suivie peut changer le mode de vie, les préférences matérielles ou philosophiques, et par contre coup modifier la structure des phalanges et des nœuds.

Mais on ne saurait affirmer absolument les révélations de cet ordre, l'absolu ici n'existe pas.

Il se trouve en effet des mains *moyennes*, qui semblent banales, sans caractère spécial, d'une harmonie déconcertante et qui appartiennent à des hommes d'esprit supérieur, à des artistes renommés, à des écrivains célèbres. Dans certains manuels de chiromancie on cite, dans ce genre, comme hommes à doigts *mixtes* : Lamartine, Émile Augier, le peintre Delaroche, Jules Janin, Auber le musicien, etc.

M. d'Arpentigny prétend que ces mains sont toujours d'ordre inférieur

Les noms cités plus haut appartenant à des artistes également soucieux de la poésie et de la vérité, suffiront à prouver que M. d'Arpentigny s'avance un peu trop dans ses affirmations.

Cependant cet écrivain est d'ordinaire fort sérieux. Voici de lui un fragment qui détaille ce que nous avancions il y a un moment, à savoir que la main se modifiait avec l'âge :

« Peut-être avez-vous remarqué que le goût de l'agriculture nous gagne à mesure que nous vieillissons. Ce goût, faible d'abord, grandit peu à peu et se développe en raison de l'affaiblissement des facultés de notre imagination ; et c'est quand nos mains, raides, comme ossifiées et devenues presques inensibles, offrent la fidèle image de notre intelligence appauvrie, que cette manie de labourer nous domine avec plus d'empire.

« Nous devenons également plus rangés, moins crédules, plus logiques, à mesure que les nœuds de nos doigts se dessinent et se montrent davantage. »

Cet auteur divisait les hommes en deux catégories :

Les hommes aux doigts lisses.

Et les hommes aux doigts noueux.

Il accordait aux hommes à doigts lisses : l'inspiration, l'intuition, l'impressionnabilité. le caprice, le goût des beaux-arts et de la poésie.

Et aux hommes à doigts noueux : l'ordre, l'aptitude aux sciences, aux calculs, la réflexion, le goût du travail.

LE BLOC DE LA MAIN

A première vue, les doigts sont longs ou courts.

Les doigts longs signifient amour des détails, imagination vive et ardente.

Un artiste qui aura, par exemple, les doigts longs et pointus, aura tendance à soigner plus les détails que l'ensemble de son œuvre, ce qui pourra dans certains cas lui nuire et devenir pour lui une cause d'infériorité réelle.

Les doigts courts appartiennent plutôt aux gens à l'esprit étroit, au caractère sensuel, et caractérisent les instincts matériels.

La main peut également être *dure* ou *molle*.

La main *dure*, qui est celle des travailleurs et des sanguins, dénote l'activité, le goût du travail, la résolution, le courage, la virilité en un mot.

La main *molle* est l'apanage des paresseux, des sensuels, des gourmands.

La main dure est généralement sèche et chaude, alors que la main molle est moite et froide ; elles appartiennent chacune à des tempéraments absolument opposés.

La main longue, blanche, aux doigts maigres et effilés est la main par excellence des artistes et des belles natures.

La main courte, potelée, aux doigts gros, carrés et courts appartient souvent aux gens rusés, cauteleux, hypocrites.

La main longue et étroite dénote de l'habileté, de l'adresse.

La main courte et carrée, sans être grosse, est la main du meurtrier.

Très petite, c'est l'indice de la coquetterie, de l'esprit vif et subtil, incisif, mordant.

La main courbée et raide, aux doigts infléchis en dedans, est la main des avares, des gens à l'esprit étroit, enclins à thésauriser.

Une main large est préférable à une main étroite.

Pour qu'une main soit réellement belle, elle doit avoir en largeur la longueur du doigt du milieu.

La couleur a également son importance et sa signification.

La main blanche est la main des gens calmes, à l'esprit posé, réfléchi.

La main rouge est la main des sanguins, des forts, des volontaires, des énergiques.

La teinte rouge foncée, presque brune est l'indice des gens violents, brutaux.

Enfin la main des nerveux est jaune, exsangue.

LES ONGLES

La chiromancie n'étudie que l'*intérieur* de la main. Si nous nous arrêtons un instant aux ongles, c'est qu'ils *sortent* pour ainsi dire de cet intérieur, en sont une émanation !

D'après Balzac, dans son roman kabbalistique *Louis Lambert*, les ongles sont une transformation en corne de l'extrémité de nos fluides et servent d'intermédiaires entre ces fluides et l'immatériel, l'invisible.

Fig. 14.
Les ongles.

Les ongles très longs (nous ne parlons pas ici des ongles qu'on ne coupe pas, et qui signifient simplement *malpropreté* ou pose sotte ; nous faisons allusion à la longueur de l'ongle depuis sa racine jusqu'à l'extrémité du doigt) les ongles *très longs*, donc, et peu larges appartiennent par conséquent à des doigts pointus et caractérisent les imaginatifs.

Les ongles très courts, en quelque doigt qu'ils se rencontrent dénoncent un caractère *envieux*.

Quand ils sont courts et larges à la fois et que la peau monte très haut, nous sommes en face d'un caractère batailleur, belliqueux.

Mais si de précédentes découvertes chiromanciennes vous ont appris que vous aviez affaire à une personne bonne et bienveillante, les ongles courts et larges indiquent que malgré ses qualités le sujet a une tendance à railler, à persifler, à critiquer et cela, sans raison, bien souvent.

Les ongles trop bombés appartiennent à un petit esprit.

Très minces et mal plantés, poussant obliquement, ils sont le signe d'une grande faiblesse d'esprit qui peut en certains cas aboutir à la folie.

Les ongles durs, rosés et bien proportionnés indiquent que l'on possède toutes les qualités du cœur et de l'esprit.

Pointus et rose pâle, ils indiquent une certaine délicatesse de tempérament, une santé à ménager.

Profondément enfoncés dans les chairs et non adhérents avec elles, ils sont l'indice d'une grande cruauté, d'une férocité froide.

Épais, durs, irréguliers dans leur épaisseur, c'est la bestialité, les sentiments bas et vils.

Enfin, quelques-uns prétendent que les taches blanches qui se remarquent quelquefois sur les ongles sont la trace d'autant de mensonges ayant fait tort à une autre personne, mais ceci nous paraît un peu puéril.

LES JOINTURES DES DOIGTS

Nous avons dit plus haut que les doigts ont quatorze jointures.

Les plus importantes sont celles de la base du doigt celles qui avoisinent chacun des *monts*.

Les jointures supérieures n'ont pas de grandes significations, aussi n'en dirons-nous que quelques mots.

JOINTURES SUPÉRIEURES

Si la jointure est formée de quatre lignes *égales et droites*, c'est un signe d'abondance.

Quatre lignes égales et obliques : nombreux et importants héritages.

Quatre lignes inégales, soit droites, soit obliques : trahison dans les affections.

Trois lignes droites ou obliques : bonheur parfait.

Deux lignes bien accentuées, bien colorées et droites, réussite en tout.

Deux lignes, dont la première est droite, et la supérieure formée par la superposition d'une autre ligne qui la croise : bonheur certain en ménage et réussite en affaires.

Ces prédictions sont un peu enfantines, trop générales, et nous n'y ajoutons, disons-le tout de suite, que fort peu de foi.

JOINTURE DU POUCE

Le pouce, à sa base, repose sur le mont de Vénus. Sa première jointure doit être longue, large et profonde ; ce qui est généralement.

S'il sort de cette jointure des petites lignes qui se perdent dans le mont de Vénus, chaque ligne est autant de trahisons conjugales (fig. A).

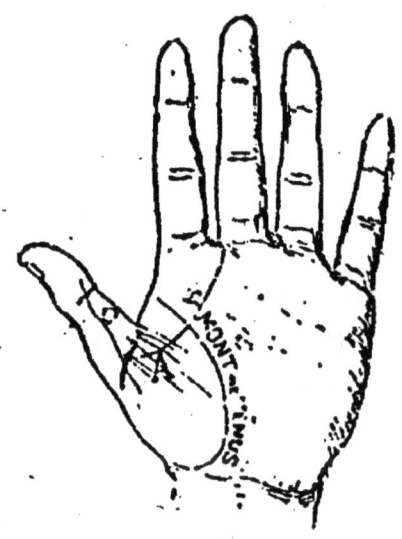

Fig 15.

Une ligne partant de la première jointure du pouce pour se diriger vers l'index est d'un très heureux augure quand bien même elle serait coupée dans sa route par d'autres lignes principales, secondaires ou accidentelles ; c'est l'assurance certaine du bonheur conjugal, et l'absolue certitude que la mort ne surprendra l'un des époux qu'après la quarantième année de mariage (fig B).

Une ligne coupant le pouce et à cheval sur l'une des deux jointures, qu'elle soit droite, courbe ou oblique (fig. C) est un signe de dérangement d'esprit occasionné par un profond amour méconnu. Si la ligne est très creuse ou très large, la folie sera perpétuelle et occasionnera la mort du questionnant. Cette ligne est heureusement fort rare.

JOINTURE DE L'INDEX

Si la ligne qui forme cette jointure est unique, longue, bien droite, profonde et large, c'est l'indice d'un esprit juste, d'un bon tempérament, d'un heureux naturel. (fig. A).

A peine marquée : facilité d'élocution, astuce, finesse.

Accompagnée de petites lignes obliques en forme de rameaux ou de demi-cercles, probité, faiblesses par excès de bonté (fig. B).

Si la jointure est traversée par une ligne venant de la paume de la main, même par un prolonge-

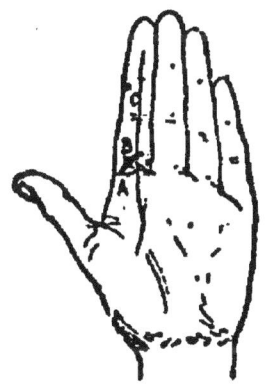

Fig. 16.

ment de plusieurs raccords, qu'elle s'étende ou non vers les autres jointures, c'est le signe du malheur qui vous poursuivra toujours, malgré vos qualités, votre courage, votre patience pour arriver à réussir ici-bas ; cette marque terrible du destin pourra détruire vos plus savants projets et vos plus sérieuses chances de réussite (fig. C).

JOINTURE DU MÉDIUM

La première jointure du médium ou doigt de Jupiter doit être bien nette, peu profonde, aussi large que profonde et être accompagnée de petites lignes obliques ou chevelues. Sous cet aspect, elle ne dit rien, étant tout à fait normale (fig. A).

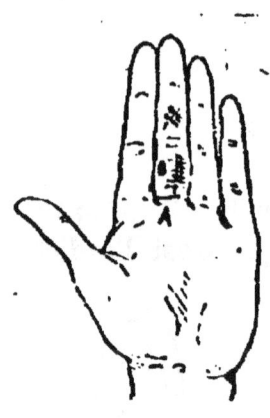

Fig. 17.

Si, au contraire, elle est large, très profonde, nettement tranchée, sanguine, formant *collier* au doigt et ne possède ni lignes accidentelles, ni courbes, ni rameaux, ni trace quelconque la touchant, c'est signe que l'on sera décapité ou pendu ; quelquefois que l'on mourra assassiné par la strangulation ou la gorge tranchée. Heureusement cette jointure épouvantable est rare !

S'il se trouve des lignes droites entre la première et la seconde jointure, ces lignes signifient : bonté, crédulité, simplicité.

Si les lignes sont courbes, cela signifie trahison d'amis ; par conséquent, soyez circonspect toute votre vie envers vos faux et même vos véritables amis : les premiers vous trahiraient par méchanceté, les autres vous nuiraient par leurs bavardages, tout en croyant ne pas vous porter tort.

Les lignes verticales et horizontales formant *échelles* ou *grilles* entre les jointures, indiquent que la fatalité se mettra quelquefois en travers de vos succès de fortune ou d'amour (fig. B).

JOINTURE DE L'ANNULAIRE

Large, bien droite ou bien oblique, aussi profonde que large, sans lignes latérales ni accidentelles, sans marque de signe quelconque et bien nette de toute trace sanguine, signification par excellence : magnanimité, imagination féconde, esprit vif et profond, honneurs et juste renommée, tels sont les heureux augures de cette précieuse jointure.

Autant il se trouvera de lignes verticales entre la première et la seconde jointure, autant de garçons l'on aura; autant de lignes horizontales, autant de filles (fig. B).

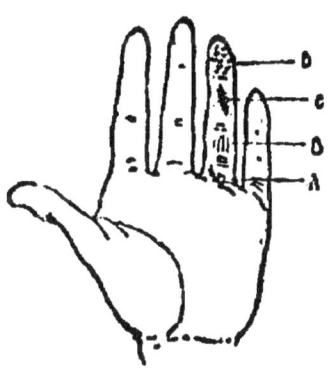

Fig. 18.

Si la première jointure est inégale et formée par plusieurs petites lignes, ces lignes marquent un esprit loyal, des joies passagères de courte durée, des alternatives de hausse et de baisse dans la fortune, mais jamais de misère (fig. A). Si cette jointure ainsi décrite est attenante à de petites lignes accidentelles, à peine visibles et formant rameaux, demi-cercles ou losanges, cela présage des difficultés pour réussir à contracter mariage selon son cœur, mais ce n'est qu'un retard assez long, car l'union, surtout s'il y a des cercles, aura certainement lieu.

Les lignes obliques placées entre n'importe quelle jointure signifient dettes, traverses, ennuis. Coupées par une ou plusieurs très grosses lignes *verticales* ou *obliques*, cela indique par *chaque ligne*, le nombre de maladies graves qui vous atteindront ; rassurez-vous, aucune ne sera mortelle (fig. C).

Si, au contraire, les lignes forment des demi-cercles superposés entre les jointures supérieures ou inférieures, ayant une assez juste ressemblance avec des écailles de poisson, c'est le signe d'une excellente santé et d'une nombreuse famille dont tous les membres jouiront aussi d'un très robuste tempérament.

JOINTURE DU PETIT DOIGT

La première et principale jointure du petit doigt est d'ordinaire oblique : de gauche à droite, pour la main gauche ; de droite à gauche, pour la main droite.

Elle doit être plus creuse, plus accentuée et cependant moins large que les jointures des autres doigts.

Ainsi faite, elle indique un esprit droit, élevé et assure la parfaite tranquillité du cœur (fig. A).

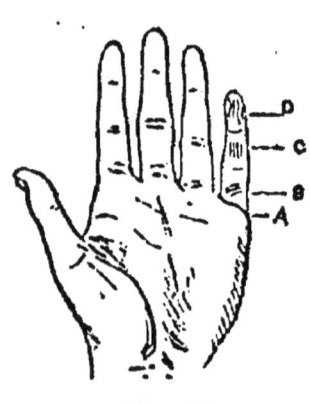

Fig. 19.

Cette jointure, coupée par de petites lignes presque horizontales ou par des demi cercles, indique une finesse d'esprit qui frise la ruse et l'astuce (fig. B).

Des lignes verticales inégales et peu profondes entre les jointures du petit doigt, quelles qu'elles soient, supérieures ou inférieures, indiquent un caractère agréable, un esprit rieur, ne détestant pas le plaisir aimable et paisible. Quelquefois aussi ces petites lignes accidentelles symbolisent le goût des voyages, le plaisir de se déplacer ; mais pour qu'elles aient cette signification, elles doivent être plus creuses, plus larges et peu nombreuses (fig. C).

Enfin, une ou plusieurs lignes accidentelles, non régulières, formant un profond sillon inégal, semblable à une cicatrice, c'est l'indice de douleurs morales profondes, de blessures au cœur inguérissables, inoubliables (fig. D).

Bien entendu, ces lignes indiquées par la lettre D, à l'extrémité du doigt, ont la même valeur placées entre les autres jointures.

CHAPITRE III

LES MONTS

Les monts entourent la paume de la main.
Il y a la chaîne des doigts;
Le mont isolé de Vénus;
Et la chaîne qui prolonge le petit doigt.
Nous allons examiner chaque mont tour à tour et attentivement.

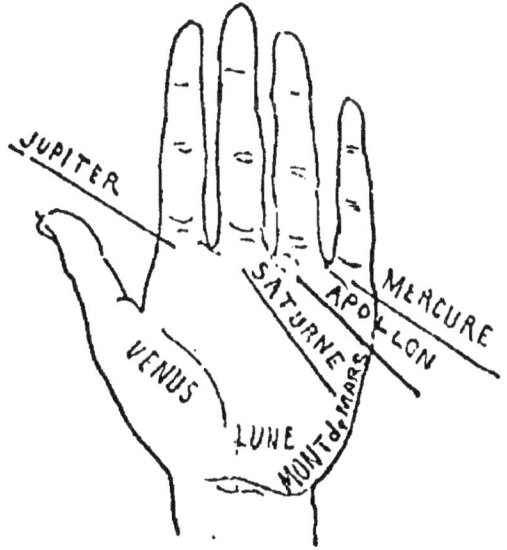

Fig. 20. — Les divers monts.

1° LE MONT DE VÉNUS

Le mont qui frappe tout d'abord la vue dans la

paume ouverte, est celui qui fait saillie à la base du pouce. C'est le *mont de Vénus*.

La grande ligne, ordinairement profonde, qui le circonscrit et le sépare du reste de la main, est la *ligne de vie*.

Vénus, c'est l'Amour. Et de l'Amour procède toute la vie. D'où le rapprochement de ces deux signes.

Mont faible. — Si le mont de Vénus est peu élevé, voire même complètement absent, cela indique, à des degrés divers, une extrême froideur, l'impuissance d'aimer, le don de se suffire égoïstement. L'artiste marqué de ce signe manquera d'âme, échouera avant l'accomplissement de son œuvre.

Mont bien dessiné. — Le mont bien dessiné annonce toutes les qualités que sa splendide et merveilleuse patronne possède : la tendresse, le charme, la grâce, la beauté, la passion.

Et il ne s'agit pas ici de l'amour idéal, impersonnel, venant du cœur seulement. Nous sommes en face de l'amour terrestre, charnel, qui va de l'amourette du collégien pour la petite bonne de sa tante, jusqu'aux passions torturantes, celles qui ravagent l'âme et bouleversent la vie.

Le musicien qui possède un beau mont de Vénus, sera surtout mélodiste, le poète sera féministe.

Dans les mains chastes, le mont indique un loyal dessein de plaire, une extrême bienveillance pour tous, et aussi l'amour de la danse et même la charité.

Mont excessif. — Voici la vanité, puis l'inconstance, la coquetterie, le dévergondage, l'horrible débauche et les vices qui en découlent : paresse, cynisme.

La plupart du temps ce mont est sillonné d'une

quantité de lignes, elles sont même si diverses que nous allons, pour ne pas embrouiller le lecteur, donner plusieurs figures de ces hiéroglyphes terribles.

Lorsque la partie située près du pouce est marquée profondément par une ligne formée d'anneaux contournant le mont de Vénus, ou par trois lignes serpentines, formant une tresse ; c'est la *chaîne de Vénus*.

Si cette chaîne est bien nette et contourne les deux tiers du pouce, c'est le signe infaillible d'une puissance physique exceptionnelle (fig. A), d'un tempérament vigoureux et ardent.

Mal dessinée, irrégulière, coupée par des lignes accidentelles rondes, courbes, obliques : Faiblesse de tempérament, débilité.

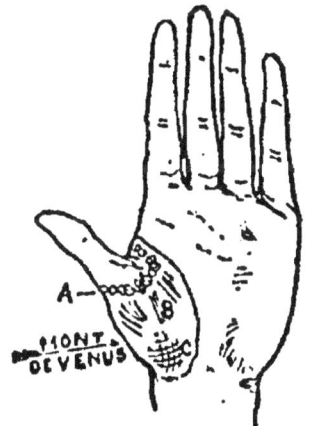

Fig. 21.

Des lignes en forme d'étoiles ou des lignes formant ces signes ↠, Z Z, O O, sont un indice infaillible de stérilité, si elles sont placées sur la chaîne de Vénus.

Les amourettes sont marquées par de très petites lignes peu larges, peu profondes, peu longues, fort nombreuses et placées à n'importe quel endroit du mont de Vénus (fig. B).

Au bas du mont de Vénus, presque touchant la rascette (ligne de jointure) un fouillis de petites lignes à peine visibles à l'œil nu, formant des *grilles :* c'est l'indice de la légèreté d'esprit, de sentiments et de conduite.

Si les grilles sont profondes, c'est-à-dire très visibles à l'œil nu, c'est un indice certain de dépravation, d'immoralité poussée à l'extrême.

Le mont de Vénus très élevé :

Une *échelle* formée par plusieurs petites lignes accidentelles, quelle que soit la place qu'elle occupe sur le mont, signifie ruine, pauvreté causée par de la faiblesse de caractère envers sa femme ou d'autres femmes (fig. A).

Les lignes, formant un gril (fig. B), sont autant de maladies peu dangereuses qu'il y a de lignes formant gril.

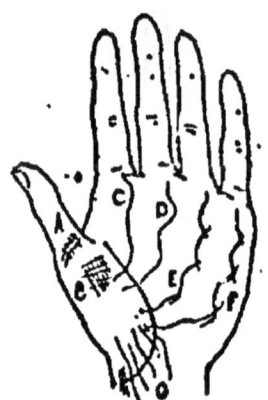

Fig. 22.

Les lignes partant du mont de Vénus et *traversant* la ligne de vie, pour se diriger vers les doigts ou monts de :

Jupiter : Autant d'héritages qu'il y aura de lignes (fig. C).

Saturne : La ligne bien droite : Mariage riche (fig. D). La ligne formée par plusieurs petits tronçons se raccordant : Mariage fatal.

Le Soleil : Quelle que soit la orme de la ligne, fidélité conjugale (fig. E).

Mercure : La ligne droite ou hachée, et composée de plusieurs petites lignes se raccordant (parfois invisibles à l'œil nu, en ce cas prendre une loupe) : Tromperie dans ses affections (fig. F).

Une ou plusieurs lignes traversant la ligne de vie, et se dirigeant vers la rascette (fig. G).

Droites : Vie déréglée.

Chevelues : Légèreté, absence de pudeur, affections non durables.

Courbes, tortueuses, sans ordre : Nombreuses affections malheureuses, sans durée et causant autant de douleurs inoubliables, inguérissables, qu'il y a de ces lignes accidentelles.

Les signes accidentels, qui se rencontrent sur le mont de Vénus, sont au nombre de cinq. Ils sont placés capricieusement sur le mont à ses extrémités supérieures ou inférieures ; ou bien encore à n'importe quel endroit de la surface intérieure.

1° Le triangle, formé par trois lignes accidentelles Le consultant n'aura qu'un seul amour (fig. A).

2° Les demi-cercles, dont la forme varie de gauche

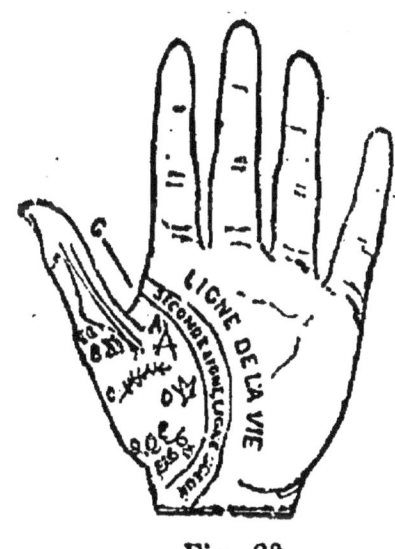

Fig. 23.

à droite ou de droite à gauche et dont la signification est (fig. B) :

De droite à gauche : Nombreuses intrigues.

De gauche à droite : Amours heureuses.

3° Les rameaux et les petites lignes, à cheval sur une ligne plus longue et plus forte, signifient : Puissance (fig. C).

Autant de petites lignes formant rameaux, autant de degrés de puissance ; si c'est une femme qui consulte : Fécondité, maternité heureuse.

4° L'étoile, formée par trois ou quatre lignes en zigzags ou par dix petites lignes imperceptibles (à voir à la loupe), et formant une étoile plus ou moins régulière de formes.

Si l'étoile est parfaitement dessinée, avec régularité dans *tous* ses angles (ce qui est très rare), c'est le meilleur signe que l'on puisse posséder, jugez-en : Accroissement de biens par une alliance heureuse, féconde, de longue durée. Si le questionnant est marié : Assurance certaine que la mort ne le frappera lui et son épouse (ou son époux, si c'est une femme qui consulte), que dans un âge avancé et, *quelle que soit* sa situation de fortune : Accroissement de biens, bonheur parfait, dont il jouira pendant de longues années avant sa mort qui sera presque sans souffrance et partant, sans longue maladie (fig. D).

Si l'étoile est irrégulière, la signification est la même que celle ci-dessus, cependant avec beaucoup moins d'avantages.

5° Les ronds, formés par une ligne entièrement fermée comme un O, marquent les pronostics d'une conduite régulière.

Formés par une ou plusieurs lignes se *continuant après la formation du rond* (fig. E) : Détestables penchants.

Les amours sérieuses sont indiquées par de belles et longues lignes qui partent du mont et se prolongent sur le pouce, quelquefois même au-dessus de la seconde jointure (fig. F).

Le mont de Vénus, très ridé en tous sens, et tellement que l'on n'y puisse pas distinguer les signes que nous venons d'expliquer, est généralement ratatiné, sec, rêche, flasque dans sa sèche raideur, même chez les personnes encore jeunes ; ainsi fait, le mont de Vénus indique que le consultant est d'un tempérament rachitique ; il sera peu fécond et sa progéniture faible, maladive, mal venue, aura peine à vivre dans le jeune âge, ou vivra peu après avoir atteint trente ans. Du reste, il est à remarquer que les personnes ayant le mont de Vénus dans les détestables formes ci-dessus, n'ont qu'*une seule* ligne de rascette, ligne le plus souvent à peine visible, ne tenant pas la largeur du poignet ; ce qui signifie clairement que l'on ne dépassera pas vingt-huit ans. Jamais, chez les personnes ayant dépassé cet âge, on ne voit un mont de Vénus ainsi fait et une seule ligne de rascette.

Si la surface du mont est *bien dessinée* dans ses lignes, mais rugueuse au toucher, c'est le signe certain de l'avarice.

Le mont de Vénus doit avoir ses *signes*, ses *lignes*, mais jamais de *rides*. Lorsque son aspérité est *unie*, douce, légèrement colorée, que les lignes sont égales, bien marquées, visibles à l'œil nu, c'est le signe de grands succès en amour, d'un heureux tempérament, et d'un goût prononcé pour les aimables mais honnêtes plaisirs.

Nous devons ajouter que, comme vous le verrez au paragraphe de la *Ligne de la Vie*, il y a certaines mains où cette ligne est *double*, c'est-à-dire qu'elle a une ligne sœur (fig. G) ; si le consultant a *double* la ligne de la vie, quoique le mont de Vénus s'étende jusqu'à la *principale* de ces lignes, la valeur des *lignes* et *signes* ne devra comprendre que les lignes et signes employés *à partir de la ligne sœur* (fig. G).

Toutes les lignes placées *entre* la ligne de la vie et sa ligne sœur (fig. G) sont *absolument nulles* quoique faisant partie du mont de Vénus ; de même pour tous les signes.

2° MONT DE JUPITER

L'index est le doigt du commandement, de l'affirmation, de la menace puissante.

Jupiter était le roi des dieux antiques. C'est aujourd'hui la plus belle des planètes connues.

Il était tout simple que le mont qui se trouve à la base de l'index prit le nom de *mont de Jupiter*.

Mont faible. — S'il est peu apparent, il dénonce chez le sujet les défauts opposés aux qualités dominatrices : manque de noblesse, tenue et sentiments vulgaires, tendance à la servilité, athéisme irréfléchi, paresse improductive.

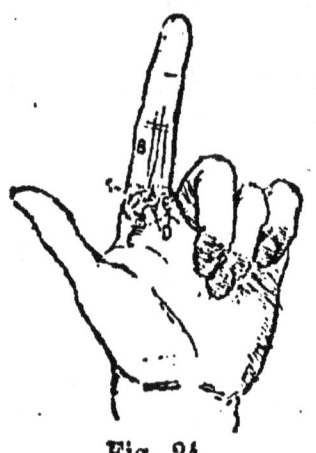

Fig. 24.

Mont bien dessiné. — Toutes les qualités dont nous venons de nommer les contraires : fervent amour religieux, très noble ambition, besoin de dominer, gaieté et ardeur à l'œuvre. Ce mont présage aussi les unions d'amour durables.

Mont excessif. — Exagéré, il signifie : orgueil immense et déplorable superstition, désir de briller à tout prix par vain amour du clinquant. Le mont, pour être d'un heureux augure, ne doit pas être bombé en forme de coquille de noix ; sa surface doit être charnue et légèrement élevée, arrondie en forme de coquillage, unie comme un morceau d'ivoire et légèrement colorée.

Sous cet aspect, c'est le signe d'un bon naturel, d'un cœur vertueux, doué de l'énergie nécessaire pour se bien conduire, et savoir mener avec justice les affaires de la vie.

Chargé de petits rameaux bien dessinés, peu profonds et non sanguins, c'est le signe de la supériorité intellectuelle (fig. A).

Une ou plusieurs lignes profondes et montant sur le

doigt en traversant une ou plusieurs jointures : persécution, servitude, existence pleine de labeur et d'infortune (fig. B).

Le mont coupé par une ligne tortueuse, perpendiculairement ou horizontalement : pauvreté, nombreuses maladies (fig. C).

Des lignes formant fourches : inconstance dans les idées (fig. D).

Le mont traversé à sa partie inférieure par de petites lignes droites, obliques ou horizontales : violence, esprit fantasque, originalité frisant la démence, dont souffriront beaucoup les membres de la famille du questionnant (fig. E).

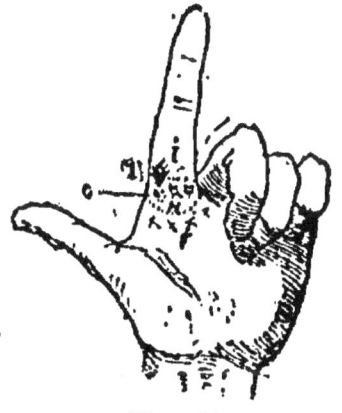

Fig. 25.

Des croix formées par de petites lignes accidentelles *sous* le mont : périls, accidents, maladies (fig. F).

Des fosses ou des points *sur* le mont : nombreuses amitiés durables, protection de gens haut placés (fig. G).

Des étoiles bien ou mal dessinées : augmentation de biens, honneurs, dignités (fig. H).

Des lignes dans n'*importe quel sens* formant grillages, soit sur le mont ou à ses parties supérieures et inférieures, empiétant même sur la ligne du cœur ou la première jointure du doigt : richesse, réussite de tous les désirs, nombreux enfants (fig. I).

3° LE MONT DE SATURNE

Saturne, c'est le père des dieux, le roi déchu. On lu devait de lui donner comme représentant dans la mein le *médium* qui le plus grand des doigts, est cependant au second rang et comme sous la tutelle de son voisin Jupiter. C'est comme un géant prisonnier : il est triste et résigné. Aussi représente-t-il la fatalité. Saturne, c'est le Temps et sa faux inexorable.

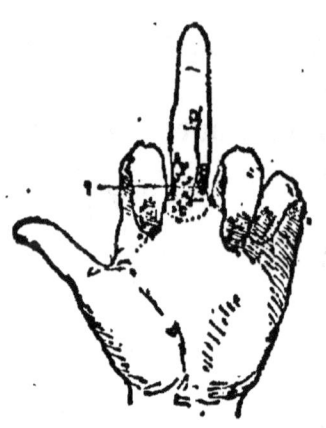

Fig. 23.

Mont faible. — C'est l'indice presque certain d'une vie sans attrait, sans signification, banale et triste.

Mont bien dessiné. — Prudence, heureuse sagesse, réussite méritée. Cependant il peut aussi, quoique bien constitué, présager les plus grandes infortunes. Nous verrons les lignes indicatrices de ces deux significations si opposées.

Mont excessif. — Le sujet sera triste, taciturne, aimera farouchement à vivre seul, sera fatalement porté au suicide. S'il est religieux, il le sera d'une façon outrée, allant jusqu'à l'ascétisme et les punitions corporelles.

Il est d'ordinaire moins saillant que Jupiter son voisin ; plus coloré que ce dernier, très uni et traversé dans toute sa surface par de petites lignes, visibles à la loupe seulement, tant leur finesse est grande. Ainsi fait il est l'indice d'un esprit simple et bon, sans ambition et à l'abri des coups du sort ; jamais la fatalité ne se jettera en travers de vos desseins ; votre vie sera heureuse et calme.

Voilà le seul augure favorable du mont de Saturne; ses significations variées sont :

LES MONTS

Lignes accidentelles formant rameaux : malheur et disgrâce en toutes choses (fig. A).

Grils : persécutions, misère (fig. B).

Croix : autant de deuils qu'il y a de croix (fig. C).

Longue ligne très creuse, ronde oblique, verticale ou horizontale traversant le mont et une ou plusieurs jointures : mort violente (fig. D).

Fosses ou points : autant d'années de prison (fig. E).

Echelles : grandes afflictions (fig. F).

Etoiles : perte d'emplois et de successions (fig. G).

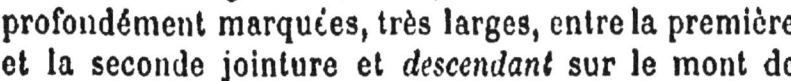

Fig. 27.

Plusieurs lignes droites, profondément marquées, très larges, entre la première et la seconde jointure et *descendant* sur le mont de Saturne : mélancolie, non réussite dans tous les projets (fig. H).

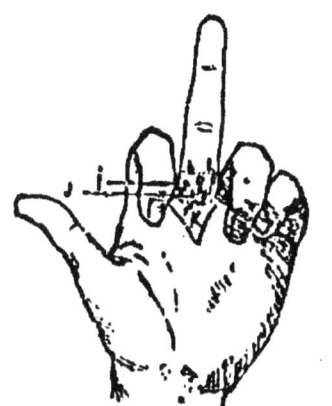

Fig. 28.

Un ou plusieurs triangles procès (fig. I).

Un ou plusieurs carrés : fatalité pour toutes choses, servitude, longue vie pleine de deuils et de misère (fig. J).

Deux lignes sous le mont, formant un V : vie pleine de mépris, métiers abjects et tout à fait inavouables (fig. K).

Enfin les lignes hachées, en forme d'éclairs, profondes et sanguines : santé perdue par suite de privations, vieillesse maladive (fig. L).

4° MONT DU SOLEIL OU D'APOLLON

L'annulaire est le doigt le plus fin, le plus joli, le plus coquet; c'est lui qu'on orne des attributs de l'amour et du mariage. Il représente Apollon, le plus beau, le plus noble des dieux, le dieu des Beaux-Arts.

C'est le doigt de la renommée.

Le mont du Soleil se trouve à la base de l'annulaire.

Mont faible. — Dédain absolu de tout ce qui a rapport aux arts, vie végétative sans le moindre souci de l'idéal. Existence nulle et sans attrait.

Mont bien dessiné. — C'est la marque indéniable de dispositions artistiques, peinture ou littérature, musique ou sculpture : qui en est orné a des chances de devenir célèbre, et riche de toutes les richesses matérielles et intellectuelles.

Mont excessif. — Point ne faut abuser non plus de ce mont. S'il dépasse une certaine mesure, il devient la marque certaine d'un amour immodéré de l'or, des parures lourdes, de l'ostentation et du mensonge. La fatuité se doublera d'un insurmontable insuccès. Toutes les portes de la renommée se fermeront devant vous, ou bien, si vous les forcez, ce ne sera que par le ridicule.

Lignes du mont. — Chargé de lignes accidentelles très fines et en demi-cercles, il indique un esprit élevé, l'éloquence, les bons sentiments.

Entièrement uni : coquetterie, petit esprit.

Une ou plusieurs étoiles : esprit tout à fait supérieur.

Chargé de lignes obliques, verticales, horizontales, courbes ou en zigzags, celles-ci doivent être considérées comme nulles, du moment où elles ne sont pas très profondes, ce qui est extrêmement rare.

Une seule ligne, *bien creuse*, large et sanguine : célébrité dans l'art, ou bien richesse, selon l'esprit du consultant. Si cette ligne se prolonge irraisonnablement jusqu'au nœud matériel, c'est présage de malentendu et peut-être de discorde familiale avec des proches.

Plusieurs lignes semblables signifient autant de femmes pour un homme, et pour une femme, autant de maris.

Une ligne qui monte du mont à la deuxième jointure : résistance dans les entreprises (fig. B).

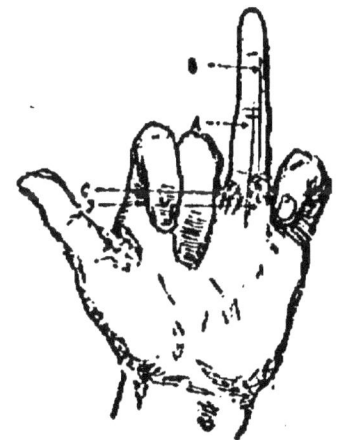

Fig. 29.

Plusieurs lignes semblables : gaieté, talents agréables.

Plusieurs lignes chevelues, sur la partie inférieure du mont : Goûts artistiques, culture de plusieurs branches de l'art (fig. C).

Étoiles, fourches et rameaux : immense fortune, nombreux héritages, riche mariage, grande prospérité (fig. D).

Si une ligne se divise en deux branches égales pour gravir le mont, en forme de V, c'est division défavorable des forces, efforts se contre-balançant et s'annulant.

S'il y a trois lignes distinctes à une bifurcation de même sorte, ce ne sont que des *désirs* irréalisés de gloire, et sans doute irréalisables.

Deux lignes nettes allant de la ligne de cœur au mont du soleil, c'est célébrité *par les femmes* ou bien amour qu'on vous porte et dont vous êtes redevable surtout à votre génie artistique.

5° MONT DE MERCURE

C'est le petit doigt ou auriculaire qui porte à sa base le mont de Mercure.

Mercure, c'est le léger, gracieux et toujours empressé messager des dieux ; il est l'intermédiaire entre l'Olympe et les fils de la terre.

C'est en même temps que le dieu des marchands, le dieu des voleurs et le dieu des menteurs.

Mont faible. — Celui qui est dépourvu de cette éminence ne saurait avoir la moindre aptitude aux choses élevées.

Il vivra à jamais attaché à la vie animale, sans le moindre essai de libération de son intelligence.

Mont bien dessiné. — Tout au contraire, celui qui possédera ce mont aura la science infuse ; il sera vif en gestes, en paroles et en esprit.

Entreprenant et doué de l'amour du travail, il possédera une aptitude spéciale pour le commerce, où il s'enrichira facilement et rapidement.

Mont excessif. — Rusé, perfide, malhonnête, menteur, voleur, tels seront les qualificatifs dont on pourra orner le possesseur d'un mont de Mercure par trop voyant.

S'il devient homme politique, ses concussions effrontées le feront chasser du gouvernement, de la chose publique dont il aura fait un peu trop sa chose privée.

Sera-t-il commerçant, gare aux faillites, à la banqueroute, à Mazas...

Les significations des lignes dont est chargé le mont de Mercure, ne sont guère nombreuses.

Le mont doit être uni, bien coloré, formant ovale et très ferme; sous cet aspect il assure au questionnant les charmes de l'esprit et du cœur, une adresse peu commune en toutes choses.

Traversé par deux lignes obliques, quelles que soient leur largeur, longueur ou profondeur : esprit sournois,

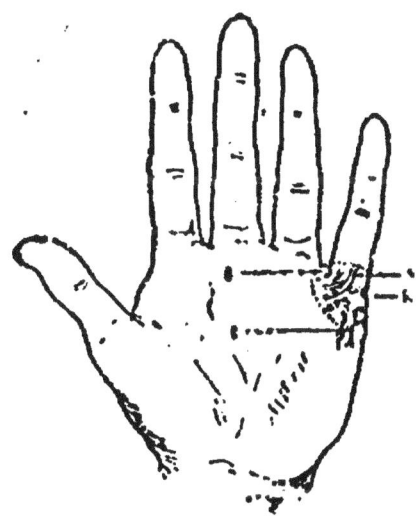

Fig. 30.

franc menteur et quelque peu... ficelle dans les affaires (fig. A).

Rameaux et lignes chevelues : mauvaises passions (fig. B).

Fourches et grils : le consultant est capable de tout le mal possible (fig. C).

Carrés : tromperie (fig. D).

Ronds ou lignes en demi-cercles : procès nombreux, chicanes, mauvaise foi du questionnant (fig. E).

Trois grandes lignes montant à la deuxième jointure : le consultant souffrira beaucoup d'avoir été soupçonné plusieurs fois injustement dans des affaires délicates.

Une seule ligne large, bien creuse, partant du mont

et de son extrémité supérieure, et montant *au-dessus* de la troisième jointure : personne bouleversée par les passions qui, pour les assouvir, ne reculera devant rien et sera fort bien capable de voler et même d'assassiner (fig. F).

La même ligne, sanguine : on passera par les mains de la justice, mort violente.

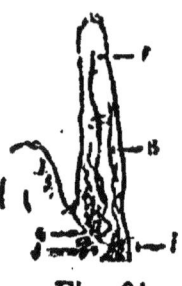

Fig. 31.

Les étoiles annoncent une vocation pour les carrières libérales et artistiques.

Les échelles, même imparfaitement dessinées; les lignes obliques partant de la première jointure et *à cheval* sur le mont : vie de bohême, talent dans des arts différents, pauvreté.

Les lignes serpentines, inégales, qui traversent le mont pour se perdre dans le doigt, après avoir atteint la deuxième jointure, assurent au questionnant la réussite dans ses inventions ou son commerce, après de rudes épreuves et malgré de successifs découragements (fig. H).

6° MONT DE MARS

Mars, dans la phalange des dieux, était celui de la guerre et portait dans ses yeux la franchise et la fierté.

Le mont de Mars se compose du large espace dont les limites sont le bord inférieur de la main, la ligne du cœur, la voie lactée et la ligne de tête, qui le sépare du mont de la Lune.

Mont faible. — Pusillanime et même lâche, sera l'homme dépourvu de ce signe du courage et de la vaillance.

Mont bien dessiné. — Les qualités de l'homme au mont de Mars bien dessiné vont du simple courage, froid et beau, à la glorieuse témérité.

Aucun danger ne l'effrayera et s'il sert une cause noble, son ardeur, son zèle, son dévouement son oubli de soi-même, se doubleront d'une fierté que les faibles et les lâches, incapables de la comprendre, trouveront seuls insolente.

Mont excessif. — Jamais ce mont ne sera trop bien marqué, trop apparent.

L'excès ici n'est pas un défaut. On ne saurait jamais, en effet, être trop courageux.

Voyons maintenant les quelques signes qui peuvent se rencontrer par surcroît sur ce mont.

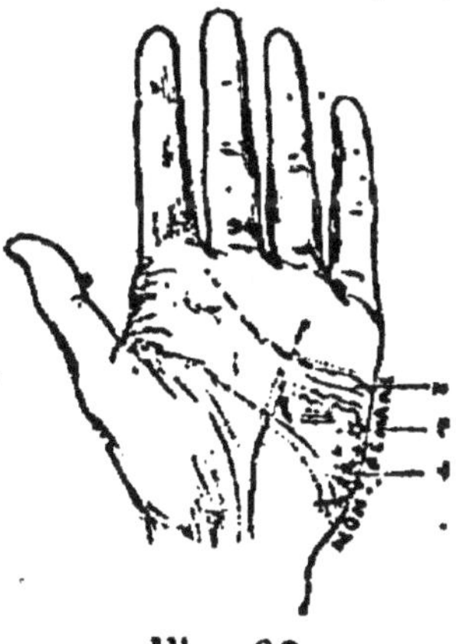

Comme cette proéminence est en général forte, ferme, charnue, elle ne présente pas un grand nombre de signes.

Très net, uni, doux au toucher, le mont de Mars dénote un caractère prudent et grave; fortement coloré, il symbolise la vaillance, la témérité.

Fig. 32.

De grosses rides, des lignes obliques et profondes présagent une mort funeste et violente (fig. A).

Les étoiles, ce sont les dignités (fig. B).

Les croix ou rameaux (fig. C) : mort glorieuse au champ d'honneur.

Les autres signes, quels qu'ils soient et en quelque endroit qu'ils soient placés, sont absolument nuls et il n'y a pas lieu d'en tenir compte.

La violence, la colère, l'injustice, l'amour immodéré

des combats, la soif du sang, sont des défauts qui découlent naturellement de ce mont.

C'est au fond de la paume, dans la *Plaine de Mars*, que nous en trouverons la trace et l'explication, au moyen des lignes dites fatales, que nous allons étudier bientôt.

7° LE MONT DE LA LUNE

Le mont de la Lune, ainsi que le fait voir la figure ci-contre, est séparé du mont de Mars par la ligne de tête, mais ils sont la prolongation naturelle l'une de l'autre ; ils font partie d'une même chaîne de montagnes qu'un faible col sépare en deux parties, tout à fait inégales d'ailleurs.

Fig. 33.

Mais quelle différence entre les qualités de l'un et de l'autre mont !

Mars, c'était la guerre.

La Lune, c'est le rêve, l'imagination, la douce et chaste Diane, Phœbé la chasseresse mélancolique.

Mont faible. — Aussi celui qui est dépourvu de ce mont manque-t-il de poésie, il est égoïste, sec, matériel, positif (fig. 33).

Mont bien dessiné. — Celui qui au contraire, en est largement pourvu, est poëte ou tout au moins rêveur, imaginatif.

Il aimera les sentiers solitaires, ou bien les causeries à voix basse dans le mystère, dans le vague du désir ; voué à l'amour platonique, il sera toujours chaste, mélancolique et contemplatif : un esprit toujours dans les nuages.

S'il n'est pas largement pourvu de fortune en naissant, il pourra très bien finir dans la misère, pour avoir voulu prendre la lune avec les dents.

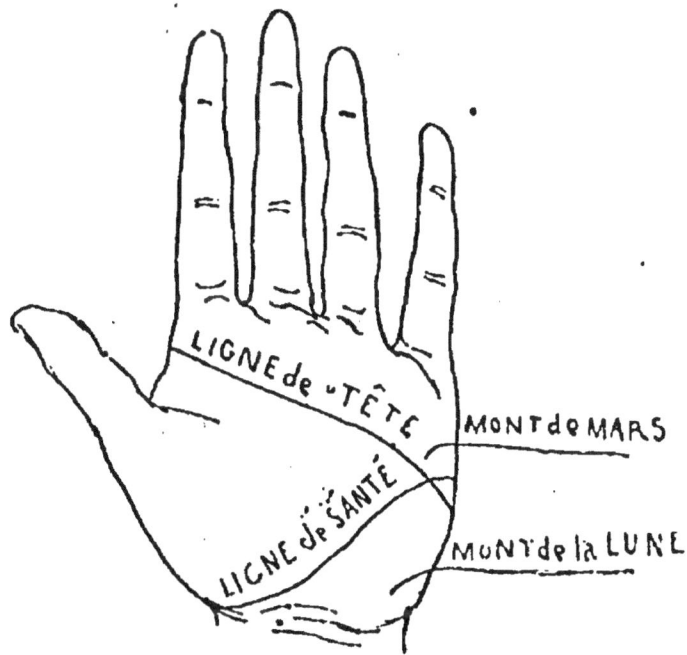

Fig. 34. — Les monts de Mars et de la Lune.

Mont excessif. — Le sujet tombera alors de la mélancolie gracieuse à la tristesse noire ; il pourra devenir superstitieux, fanatique.

Rempli de désirs, il n'en pourra satisfaire aucun, se plongera dans un perpétuel mécontentement des autres et de lui-même, qui aboutira au désespoir et parfois au suicide.

QUELQUES MOTS ENCORE SUR LES MONTS

Il ne faut pas seulement examiner isolément chaque mont; il convient, cette étude particulière achevée, de considérer l'ensemble des chaînes. C'est par la comparaison seulement qu'on arrivera à une divination exacte.

Par exemple, il peut se trouver que la main à examiner soit presque plane, sans monts pour ainsi dire, seul Jupiter renfle un tout petit peu. Nous sommes en présence d'un *mont faible*, ce qui semblerait dénoncer le manque de noblesse et de tenue du consultant. Mais à cause du voisinage, ce mont prend les proportions d'un *bien dessiné* avec toutes ses qualités.

De même si tous les monts sont de tailles inusitées, sauf un seul. Le défaut qu'indique ce dernier éclairera sur le caractère à donner aux autres.

Enfin n'oublions pas de faire remarquer que la puissance des monts n'est pas absolument insurmontable, que les lignes voisines la combattent souvent et parfois l'annulent.

CHAPITRE IV

LES LIGNES

Nous voici parvenus à l'étude des LIGNES. Cette partie est capitale ; aussi devons-nous recommander au lecteur de redoubler d'attention dans la lecture de ce chapitre et de ceux qui vont suivre.

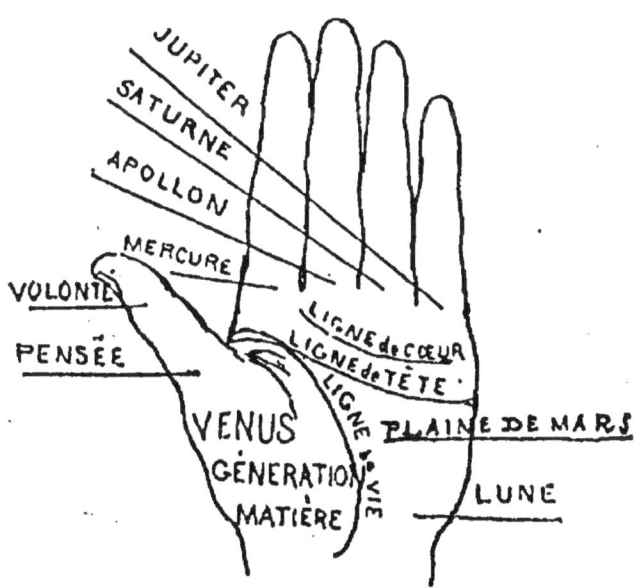

Fig. 35. — Les lignes principales.

La signification des lignes est en effet beaucoup plus claire, beaucoup plus explicite que celle des monts.

En un mot, le véritable horoscope s'extrait principalement de l'étude des lignes, et la signification des divers monts n'en est que le prélude, la préface pour ainsi dire.

Là aussi, le bon dessin et la continuité indiquent l'état florissant des qualités dont la ligne est le dépositaire.

La figure ci-contre (fig. 34) montre, sur une main épurée de ses signes et lignes secondaires, les trois principales lignes qui sont :

1° La *ligne de cœur*;

2° La *ligne de tête*;

3° La *ligne de vie*.

Sentiment, intelligence et santé, qu'il est plus logique de nommer dans cet ordre :

D'abord *la vie*, puis, en découlant, chez l'homme seul *l'intelligence*.

Enfin, comme une fleur dominant le corps et la tête : *le cœur*.

1° LA LIGNE DE CŒUR

Consultez la figure précédente (fig. 34) : la *ligne de cœur* est la première ligne horizontale qui se présente au-dessous des doigts.

Qu'elle soit nette, d'un joli rose, et parte du premier quart du bord de la main (côté du petit doigt) pour aller vers le mont de Jupiter : cela indique un bon cœur, aux affections solides et durables, dont dépendra le bonheur.

La longueur de la ligne indiquera la qualité des sentiments. Si par exemple, la ligne qui nous occupe, au lieu d'atteindre au mont de Jupiter, s'arrête au pied de la verticale qui tomberait de Saturne, cela atténue fortement la noblesse de l'attachement du sujet.

Le cœur sans doute a encore de la puissance, mais il se laisse dominer par les sens.

Si la ligne est sanguine : c'est une disposition à la colère, parfois à la cruauté.

Si au contraire elle est peu apparente, incolore, cela veut dire : faiblesse, débilité générale.

Si la ligne de cœur est la plus importante de la main, c'est l'indice que tous les chagrins et tourments viendront du cœur.

Une fossette dans la ligne, un trou bien rond ayant l'aspect d'une cicatrice : dépravation de mœurs (fig. A).

Une tache bleue, en quelque endroit de la ligne de cœur qu'elle se trouve, est un signe d'anémie, de faiblesse.

Des croix ou des échelles touchant tant soit peu la ligne : grands chagrins d'amour, trahisons (fig. C).

Une étoile ou un rameau : bonheur, réussite, amours heureuses (fig. C).

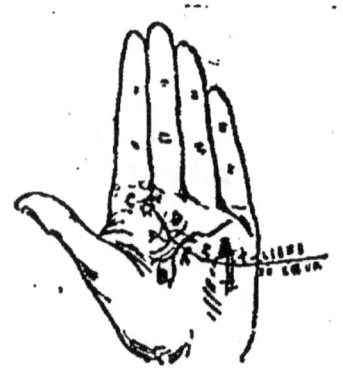

Fig. 36.

Lignes formant bouquet, panache : mysticisme, vertu outrée (fig. D).

Lignes tortueuses traversant la ligne du cœur dans n'importe quelle partie de son parcours : ignorance, sottise, pédantisme (fig. E).

Si, entre le pouce et l'index, les trois grandes lignes de cœur, de tête et de vie s'unissent en un même faisceau, et que cette disposition se retrouve dans les deux mains : c'est un présage funeste, mort violente due à l'entraînement d'une vie inactive.

Si la ligne est nue, dépourvue de rameaux, cela indique la sécheresse du cœur.

Si des rameaux sortis d'elle s'élancent vers Jupiter.

2 rameaux, c'est bonheur ;

3 rameaux, c'est richesses et honneurs.

Parfois, arrivée sous le mont de Saturne, la ligne de cœur se bifurque en deux tronçons, dont l'un va vers le mont précité et dont l'autre rejoint plus ou moins directement la ligne de tête. C'est signe d'une double influence dont les effets se combattent et qui amène des erreurs.

Pas de ligne de cœur, c'est positivisme outré ou bien disposition aux maladies de cœur. Des « hommes forts » sont parfois dépourvus de cette ligne.

Parfois la ligne de cœur, prolongée jusque sous le mont de Jupiter, est coupée par une ligne perpendiculaire séparant le mont en deux.

Cette intersection forme une croix qui, nettement indiquée, est l'indice certain d'un mariage d'inclination (fig. 37 : A) conclu sans obstacles.

Si au contraire, la croix est à peine ébauchée ou formée par des lignes courbes et en zigzags, ce sera

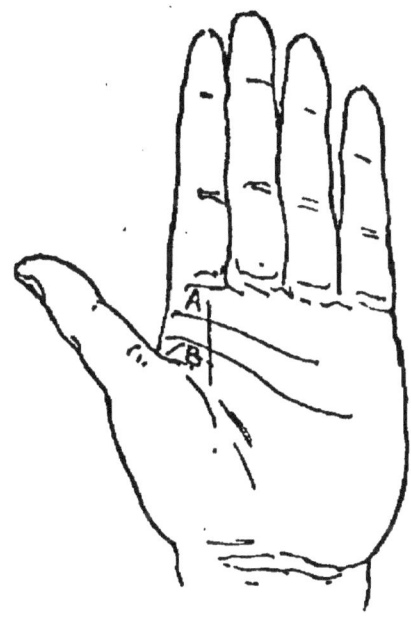

Fig. 37.

pour le consultant une source d'ennuis et de difficultés à propos de son mariage.

Autant de solutions de continuité, autant de projets de mariage avortés.

Chez les personnes destinées à conclure un mariage de raison ou d'intérêts, la branche verticale de la croix se prolonge jusqu'à la ligne de tête, ou même coupe quelquefois cette dernière (fig. 37 : B).

Beaucoup de personnes ne possèdent pas ce signe qui n'est du reste qu'une simple indication.

2ᵉ LIGNE DE TÊTE

On l'appelle encore ligne du *cerveau*, ligne des *calculs*, ligne *céphalique*, ligne *naturelle*, procédant de la ligne de la vie et marquant le tempérament, la complexion, le caractère.

Elle commence entre le pouce et l'index, contourne le mont de Jupiter, touche la ligne de la vie, fait jonction avec elle, et traverse ensuite obliquement la main pour aller séparer le mont de Mars d'avec celui de la Lune (fig A)

Lorsqu'elle est bien marquée, d'égale largeur, assez profonde : santé, esprit.

Si les petites lignes accidentelles forment des croix, des rameaux, des fourches : vive conception, mémoire heureuse (fig B)

Lignes formant grils ou échelles : vigueur musculaire, complexion générale très bonne, santé excellente (fig C)

Lorsque cette ligne est peu étendue elle indique un esprit étroit, l'absence de toute qualité morale.

Irrégulière, coupée, raccordée : esprit malicieux.

Peu apparente, étroite : démence.

Si à son extrémité supérieure, elle ne touche pas la ligne de vie : timidité, naturel servile.

Large très creuse et sanguine : caractère brutal.

Pâle et large, la ligne de tête indique l'inintelligence et l'imprévoyance

Coupée par une ligne bien droite et très creuse se dirigeant vers le mont de Saturne, par conséquent parallèle à la ligne saturnienne ou de la fatalité : mort par strangulation (fig. D).

Bien entendu, tous les signes et lignes indiqués par nos figures n'ont pas besoin d'être exactement placés à l'endroit précisé par le dessin.

Ainsi les fourches, étoiles, rameaux, peuvent parfois se rencontrer à la place qu'occupent les grils et échelles, et *vice versa*, sans pour cela varier dans leurs augures.

Si la ligne de tête remonte brusquement vers le mont de Mars, en empiétant sur lui, cela dénote la sottise et la grossièreté.

Si, au contraire, elle traverse le mont de la Lune pour faire un brusque détour vers la rascette, elle annonce un cœur juste et une âme droite (fig. E).

Finit-elle sur le mont de la Lune, c'est l'indice d'un esprit songeur, méditatif.

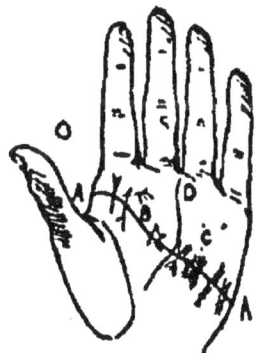

Fig. 38.
Ligne de tête.

Des demi-cercles quelquefois imperceptibles, traversant la ligne de la tête, marquent la chasteté et la continence, mais plus souvent l'imbécillité (fig. F).

Hérissée de petites lignes droites, quelle que soit leur position sur la longueur de la ligne : esprit supérieur, transcendant, goût prononcé pour les mathématiques (fig. G).

Traversée par une ligne sinueuse et inégale en largeur et profondeur, se dirigeant de la rascette vers le mont de Mercure après avoir traversé ou contourné le mont de la Lune : irréflexion, prodigalité, esprit lent, caractère volontaire et plutôt coléreux, légèreté de mœurs (fig. H).

Des lignes accidentelles, formant des triangles à cheval sur la ligne de tête, sont l'indice d'un esprit travailleur et d'un naturel sage, mais aussi courageux que calme (fig. I).

Il est très rare que la ligne de tête ait une ligne sœur, dans ce cas c'est plutôt l'indice d'une intelligence faussée par les mauvais raisonnements, les mauvaises lectures, les dangereuses méditations.

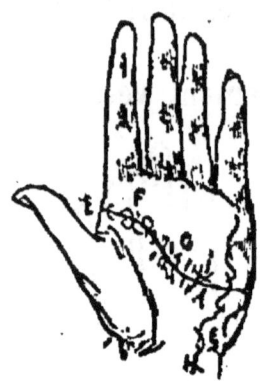

Fig. 39.

Celui qui possède cette ligne néfaste devra être surveillé par ses parents dès sa plus tendre enfance au point de vue de l'éducation ; car il n'aura que trop de tendances à devenir un ennemi de la société.

La ligne de tête se terminant en fourche est toujours le présage d'une fausse manière de voir, d'un esprit sujet à prendre une mauvaise direction.

La fourche indiquée comme à la figure ci-contre (fig. 41) : une branche dirigée vers le mont de Mercure et une autre vers celui de la Lune, annoncera une double influence entraînant celui qui en sera pourvu, tantôt vers les affaires, tantôt vers la rêverie et la poésie ; comme chacun sait qu'on ne peut guère mener

Fig. 40.

de front des choses aussi dissemblables, les affaires du consultant pourront fort bien être négligées et sa fortune compromise.

La ligne de tête coupant la ligne de cœur, indique que le sujet fera passer ses intérêts avant ses affections, c'est toujours le signe caractéristique d'un profond égoïsme (fig. 40).

Quand, au contraire, c'est la ligne de cœur qui coupe celle de la tête, le présage n'est pas beaucoup plus favorable, quoique diamétralement opposé : les affaires de cœur, les passions matérielles, feront négliger les affaires sérieuses.

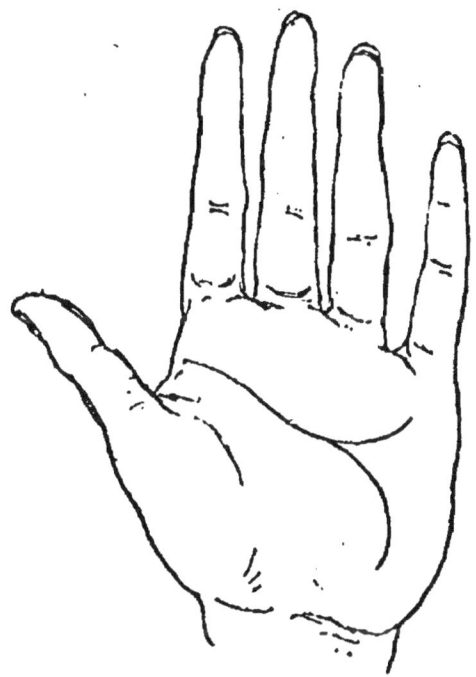

Fig. 41. — Ligne de tête en fourche.

Il est préférable à tous égards que ces deux ligne ne se rencontrent pas.

Il aura toujours une grande force, celui qui pourra conserver l'indépendance du cœur et de la tête, mener de front sans qu'elles s'influencent mutuellement ses affaires d'amour et ses affaires sérieuses.

3° LA LIGNE DE VIE

La *ligne de vie* est la ligne, très visible et très nette d'ordinaire, qui contourne le mont de Vénus ou mont du pouce (fig. 42).

Lorsqu'elle est entière, c'est-à-dire allant d'un bord à l'autre de la main, doucement colorée, c'est la marque d'une longue et saine vie. C'est aussi l'annonce d'un caractère bien fait, d'une humeur égale.

Fig. 42.
La ligne de vie.

Ligne courte : vie courte et sans attraits.

Longue mais peu large, mal dessinée et coupée de petites lignes profondes à son extrémité supérieure (du côté des doigts) : signe d'infirmités (fig. 44, C).

Large et fortement colorée, très rouge à son point de départ : homme brutal et violent, caractère féroce.

Bien déliée, très grosse, descendant jusqu'à la rascette : santé exceptionnellement robuste, très longue vie ; centaine probable.

Les maladies de langueur, la consomption, sont indiquées par un affaiblissement progressif de la ligne de vie.

Une ou plusieurs interruptions (fig. 43, A A) indiquent les dangers de mort subite que l'on a à craindre et enfin, la ligne de vie composée de plusieurs lignes brisées, mais se raccordant, est le signe distinctif des gens sujets aux maladies chroniques, à la paralysie, à la catalepsie.

La ligne de vie, mal faite, composée d'anneaux formant chaîne, est toujours l'indice d'une santé débile et chancelante, d'une existence pénible.

Une ou plusieurs lignes, raccordant sans l'inter-

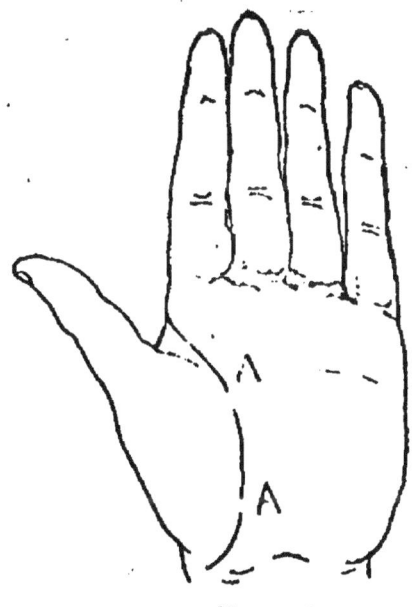

Fig. 43.

rompre la ligne de vie à la ligne de tête, vers le mont de la Lune ou la plaine de Mars : accidents dangereux dans l'organisme et dont on se ressentira toute la vie.

Deux lignes transversales, par leur hauteur, indiquent l'époque de la mort.

Ainsi en B (fig. 44), les deux lignes annoncent la mort pour vingt-cinq ou trente ans.

Les grils au bas de la ligne, vers la rascette : mort par rupture d'anévrisme.

Si de la rascette, il monte une ligne en forme d'S, qui va se perdre dans la plaine de Mars, en *touchant sans la traverser* la ligne de vie ; c'est l'indice d'une santé de fer qui résistera à tous les accidents ou maladies que les autres signes pourront lui annoncer (fig. F).

Une ligne fort rare, c'est la *ligne sœur* de celle de la vie. Cette ligne suit plus ou moins parallèlement son aînée en empiétant sur le mont de Vénus, laissant parfois un espace assez considérable entre elle et la ligne de vie (fig. G).

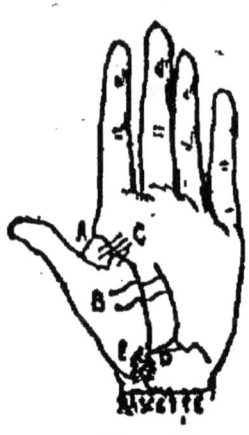

Fig. 44.

Quelles que soient la longueur, largeur, profondeur ou sinuosité capricieuse de cette ligne, c'est le signe certain, ABSOLUMENT CERTAIN, que l'on approchera de la centième année, si on ne la dépasse !

Les années de la vie étant aussi indiquées par les lignes rascette ou restreinte, on a vu des mains dont les rascettes ou bracelets du poignet indiquaient quarante ou soixante années d'existence, alors que le sujet possédait la fameuse *ligne sœur* de celle de la vie ; dans ce cas les rascettes ne doivent pas être consultées, la ligne sœur de celle de la vie étant prépondérante.

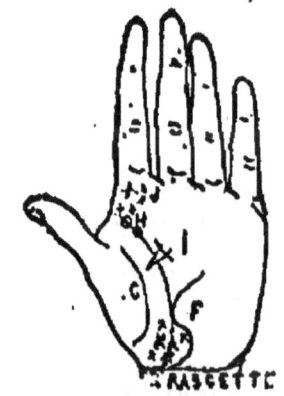

Fig. 45.

S'il se trouve sur la ligne de vie un point entouré d'un cercle, on sera borgne ; si ce signe est double, on perdra les deux yeux (fig. H).

Plusieurs lignes, formant un triangle, n'offrent aucun présage fâcheux (fig. I).

Des croix formées irrégulièrement entre l'extrémité de la ligne et le mont de Jupiter : trois grandes afflictions (fig. J).

Une ou plusieurs croix auprès de la rascette ; vieillesse misérable (fig. K).

Il nous reste à observer au sujet de la ligne de vie les signes qui quelquefois, en n'existant pas sous la

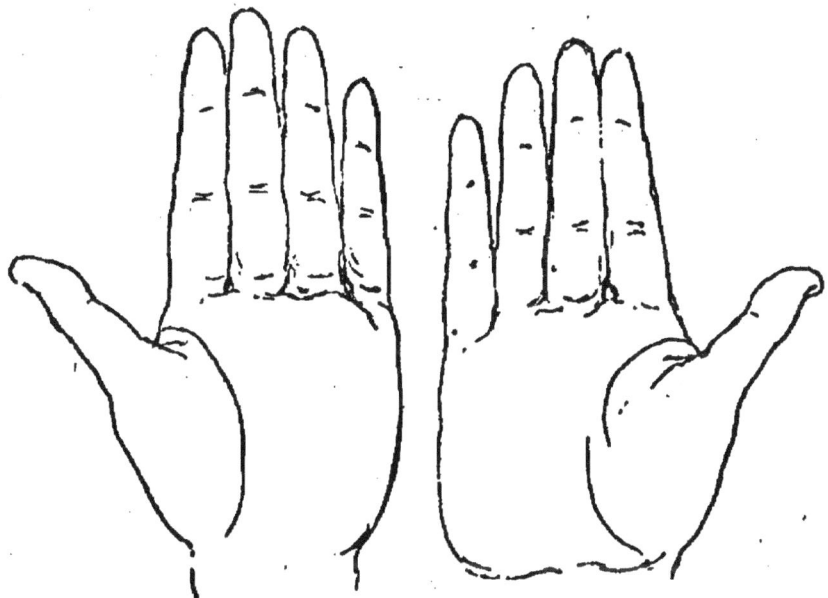

Fig. 46. — Main gauche.   Fig. 47. — Main droite.

même forme dans les deux mains, peuvent modifier leur caractère propre.

Il arrive en effet, parfois, que la ligne de vie est brisée, interrompue dans une main et non dans l'autre, c'est toujours le signe certain d'une maladie grave ou d'un accident, mettant ou ayant mis celui qui possède cette ligne à deux doigts de la mort (fig. 46 et 47).

La mort est indiquée par un arrêt brusque de la ligne de vie, exactement à la même hauteur dans les deux mains.

4° LIGNE DE SATURNE OU DE LA FATALITÉ

Tel le doigt de Saturne partage les doigts, telle la ligne saturnienne partage la main en deux parties égales.

Cette ligne, qui part du poignet pour se prolonger jusqu'au médius, est verticale; c'est sur elle que se trouvent inscrits les grands événements de l'existence humaine; c'est pourquoi elle est surnommée la ligne de la fatalité et de la prospérité.

Les indications de cette ligne sont les plus difficiles à contrecarrer, elles tiennent de trop près à la destinée.

Dans son long parcours, elle touche les lignes de la vie et de la voie lactée, traverse celles de la santé, de la tête, du cœur, ainsi que l'anneau de Vénus.

Le plus souvent elle ne dépasse pas la ligne de tête; rarement elle atteint ou traverse le mont de Saturne.

Elle n'est pas toujours droite, ce qui indique autant de cataclysmes dans la vie, qu'elle a de raccords (*Figure de la ligne pointillée*).

Comme nous la marquons sur notre figure, elle a quatre raccords; elle peut en avoir moins ou beaucoup plus; cela dépend des mains et des augures personnels.

Si la ligne de Saturne a une ligne sœur, c'est-à-dire si elle est double, c'est la certitude que l'on perdra tous ses biens et que l'on sera un misérable sans pain, sans abri, réduit au vagabondage : la mort semblera s'acharner à vous épargner; vous la désirerez et elle ne viendra pas; vous songerez au suicide et au moment de le mettre à exécution vous vous cramponnerez à la vie, une lueur d'espoir dans l'avenir vous restant encore. Mais tout sera vain, à force de misère, d'épuisement, de longues souffrances, vous mourrez dans la prison peut-être où vous subirez la peine prononcée contre vous pour le délit de vagabondage.

Seule peut-être de toutes les lignes sœurs, la ligne sœur de la fatalité n'annonce, comme on peut le voir, rien de bon et est toujours un mauvais présage.

Ceux qui malheureusement possèdent cette ligne devront faire tous leurs efforts pour en atténuer les effets et ne pourront y parvenir qu'au moyen d'une attention soutenue et en développant par la pratique de toutes les vertus les autres bonnes lignes de la main qui deviendront ainsi prépondérantes.

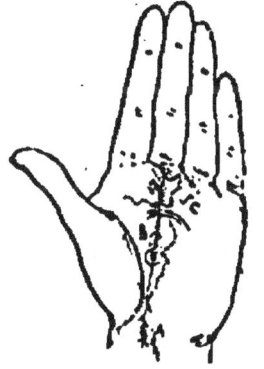

Fig. 48.

Une ou plusieurs croix sur la ligne de Saturne assurent autant de pertes d'enfants qu'il y existe de croix (fig. A).

Des ronds ou points ou fosses, formant cicatrice, sur n'importe quel endroit de la saturnienne, sont l'indice de l'inconstance du bonheur et la perte d'*une partie* de ses biens (fig. B).

Si, à l'extrémité de la ligne, il s'en trouve plusieurs accidentelles, tortueuses, entrecoupées, obliques, courbes : prospérité, réussite dans l'agriculture, le commerce ou toute autre industrie (fig. C).

Si la ligne monte jusqu'au mont de Saturne ou bien le traverse : grands malheurs après d'heureux jours.

Si la ligne est *double*, depuis la rascette jusqu'à la plaine de Mars seulement, et qu'elle devienne simple jusqu'au mont de Saturne : la fatalité s'appesantira sur vous pendant votre jeune âge; votre jeunesse pénible, toute de luttes courageuses pour arriver à la gloire et à la fortune, sera une alternative d'espérances par suite de petits succès, et de misère profonde par l'écroulement de vos échafaudages les mieux combinés.

Cependant, telle que la ligne *sœur*, la *double saturnienne* quitte brusquement la ligne principale ; la fatalité cessera dès lors de s'appesantir sur vous, la prospérité se montrera et les succès viendront vous faire oublier les misères passées (*fig.* 48 : *D, ligne sœur double. E, autre ligne sœur partant d'un deuxième point de la rascette*).

Si la ligne est grosse, bien formée, droite, s'arrêtant un peu *au-dessous* du mont de Saturne et que, dans son parcours, *elle traverse* d'autres lignes et *ne soit traversée* par aucune, c'est le meilleur augure que puissent prédire les lignes de la main ; jugez-en : la fatalité ne vous poursuivra jamais ; vos enfants tiendront de vous ; même sous des apparences frêles, ils auront une santé robuste, des muscles vigoureux, un esprit droit et éclairé.

Dans vos entreprises, tout vous réussira ; que ces entreprises soient commerciales, amoureuses ou autres, vous n'aurez jamais un refus : une porte fermée pour dix autres, s'ouvrira aussitôt pour vous ; une femme désirée en mariage par de plus beaux et plus riches que vous, les refusera tous et vous acceptera dès votre première demande.

En résumé, vous aurez la chance en toutes choses : ce qui est impossible pour les autres, ne le sera jamais pour vous ; aussitôt exprimés, s'accompliront vos moindres désirs.

Si la ligne, droite et nette dans toute sa partie supérieure, se termine en bas en forme de vis, c'est un malheur suivi d'une grande fortune.

Si, partie d'en bas, la saturnienne s'arrête à la

ligne de cœur : c'est un bonheur brisé par une affaire d'amour ou d'amitié.

Si elle s'arrête à la ligne de tête : c'est un bonheur brisé par un mauvais calcul, un raisonnement faux.

Si, partie de la ligne de tête, la saturnienne se dirige en méandres jusqu'au mont de Saturne, c'est bonheur tardif, dû à l'intelligence et à la persévérance.

Saturnienne droite, bien colorée en bas : bonheur dans la vieillesse, amour de l'agriculture.

Les mains dépourvues de saturnienne appartiennent à des gens dont l'existence est plutôt insignifiante, incolore.

Si la ligne de la fatalité se dirige vers le mont de Mars, tout en restant bien droite, c'est un signe de succès dans la carrière des armes.

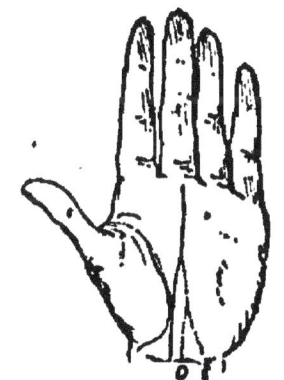

Fig. 49.

Tortueuse à son arrivée sur ce mont et terminée par un trou, un arrêt brusque, c'est mort glorieuse sur le champ de bataille.

Dirigée vers le mont de Mercure, c'est : réussite en affaires, prospérité certaine dans le commerce et l'industrie.

Si elle traverse ce mont et y trace un sillon profond, elle indique que le possesseur terminera ses jours dans la prison où l'auront conduit sa trop grande habileté... et son vif désir de s'approprier l'argent des autres.

Si enfin la ligne de tête coupe la ligne de la fatalité en formant une croix bien accentuée, ainsi que le montre la figure ci-contre (fig. 50), vous pouvez être certain que le sujet ne se laissera pas dominer par le destin, mais qu'il lui commandera en maître.

Si c'est le contraire qui se produit, si la saturnienne est forte et traverse une ligne de tête faible et peu indi-

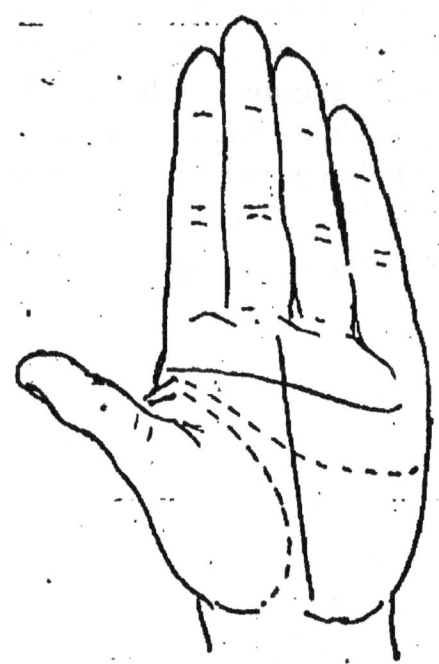

Fig. 50. — Ligne de tête coupant la ligne de la fatalité.

quée, l'homme sera désarmé contre la fatalité et subira avec passivité tous les arrêts du sort, il sera sans caractère et sans énergie.

CHAPITRE V

SECONDE SÉRIE DE LIGNES

L'ANNEAU DE VÉNUS

L'anneau de Vénus, appelé aussi *ceinture* de Vénus, est en forme d'arc.

Il prédispose toujours à l'amour et à la volupté celui qui en est pourvu.

Nous voyons en effet, dans la mythologie, Junon emprunter la ceinture de Vénus pour se faire aimer de Jupiter, son époux.

L'anneau de Vénus part de l'index, sous le mont de Jupiter, entre ce doigt et le médius ; décrit un demi-cercle, pour se terminer entre les monts du Soleil et de Mercure.

Tout le monde ne possède pas l'anneau de Vénus bien distinct.

Lorsqu'il est formé exactement comme nous venons de le décrire, que sa ligne, sans être creuse, est bien marquée, très pure et non sanguine, elle indique que le questionnant n'aura qu'un seul et unique amour dans sa vie.

Une ligne allant rejoindre l'anneau de Vénus, en partant du :

Mont de Jupiter : orgueil fatal, présomption qui empêchera un mariage (fig. A).

Mont de Saturne : union fatale, désaccord, vie pénible; quelquefois suicide par amour (fig. B).

Mont du Soleil : quelle que soit sa longueur; qui partira de l'extrémité inférieure de ce mont pour atteindre, ou *même seulement pour se diriger* vers la ligne de l'anneau, c'est un signe *d'éclaircissement*, d'avertissement, on découvrira le bien ou le mal dans la conduite de son conjoint (fig. C).

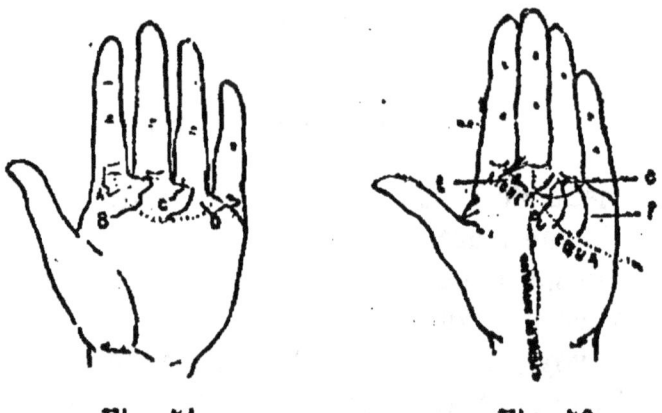

Fig. 51. Fig. 52.

Mont de Mercure : rivalité, perte du cœur de l'être aimé (fig. D).

La ligne de Saturne ou de la fatalité, l'une des principales, traverse toujours l'anneau de Vénus; elle ne doit, par conséquent, pas être interprétée, sa position étant normale.

Mais si d'autres lignes accidentelles coupent l'anneau en *venant* de la ligne du cœur ou de celle de Saturne, leur signification est :

Lignes en paquets formant balai : tromperie, mensonges de l'être aimé (fig. E).

Une ligne bien marquée venant de la ligne du cœur : perte de biens pour cause d'inconduite (fig F).

Une ou plusieurs lignes venant de la grande *ligne de Saturne :* amour fatal, plus fort que la raison; folies exagérées et bassesses, perte de toute dignité et de tout sens moral (fig. G).

Si l'anneau de Vénus s'ouvre devant le mont de Mercure (science), on pourra surmonter facilement, au moyen de l'étude, les tendances lascives et parfois dévergondées qu'indique spécialement l'anneau de la déesse de la volupté.

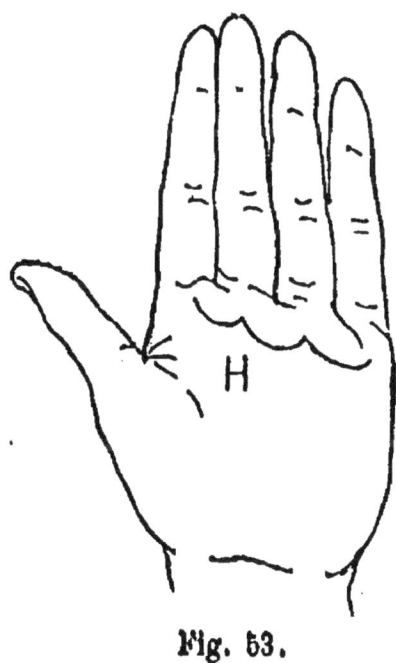

Fig. 53.

Un anneau de Vénus formé de morceaux le doublant, le triplant (fig. 53 : H), dénonce des habitudes tout à fait blâmables de plaisir solitaire. Mais si l'esprit sait s'occuper, si les monts de l'imagination et de la science sont favorables, on a toutes les chances de pouvoir détruire ces penchants fâcheux, en donnant à l'esprit une direction meilleure.

LIGNE DE LA SANTÉ

Cette ligne, appelée aussi ligne du foie ou ligne hépatique, se dirige obliquement de l'extrémité inférieure de la ligne de tête vers l'extrémité inférieure de la saturnienne, qu'elle traverse quelquefois pour se diriger vers l'extrémité inférieure de la ligne de la vie.

Hâtons-nous de dire que, n'existant pas dans toutes les mains, on devrait la classer parmi les lignes accidentelles. Mais son importance est si grande qu'il est nécessaire de lui ouvrir un paragraphe spécial.

Elle annonce la complexion; ses formes sont très variées et souvent bizarres.

Pour être normale, elle doit être droite, sans interruptions, sans raccords, absolument nette de points ou de fosses, lesquels indiquent un sang vicié, une constitution mauvaise.

Si elle n'atteint pas la ligne de vie, après avoir traversé la saturnienne, cela indique une complexion qui variera dans l'échelle de l'âge.

Par exemple, de dix à vingt ans, on pourra être chétif, malingre; mais de vingt à quarante ans, on prendra de l'embonpoint et de quarante à soixante, on peut être obèse.

Par conséquent, la ligne de santé n'atteignant pas celle de la vie, indique seulement des *variations* de complexion *sans rien détailler*.

Un signe épouvantable, qui glace d'horreur, mais qui fort heureusement est rare, est le suivant :

Si la ligne de santé est *très courte* et a à son extrémité, vers la ligne de Saturne, une pointe en forme de fer de lance au bout de laquelle se trouve un trou ou plutôt une fosse, semblable à une cicatrice, cela assure que la personne, après une longue maladie, tombera en léthargie et que, la croyant bien morte, on l'enterrera vivante (fig. A).

Si la ligne va se souder à celle de la vie, c'est l'assurance d'une bonne santé, quelle que soit la durée de l'existence (fig. B).

Une ligne accidentelle partant de la rascette, se dirigeant vers le mont de la Lune et faisant un brusque détour pour couper la ligne de la santé, est l'indice d'une mort foudroyante (fig. C).

La ligne de santé interrompue par *un vide* absolument uni, annonce l'impuissance, la stérilité.

Très sanguine : forte constitution, naturel mauvais et cruel.

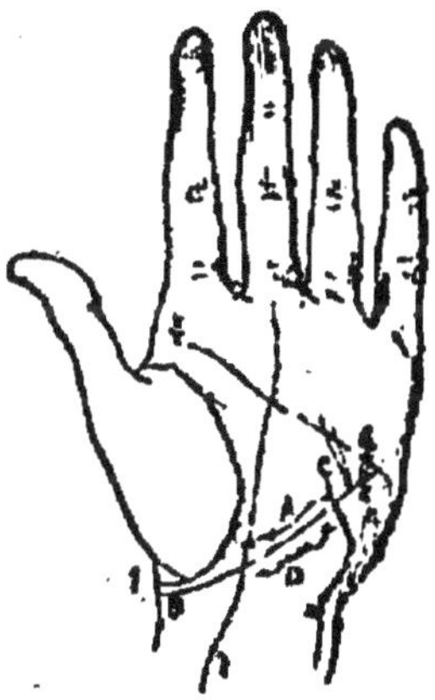

Une tache bleue sur la ligne de santé indique une tendance au vol ou une affection grave du foie.

Fig. 54.
1. Ligne de la vie. — 2. Ligne de Saturne. — 3. Ligne de tête. — 4. Ligne de la santé.

Les petites lignes obliques, les rameaux, les grils, les étoiles, les triangles, les échelles, dont nous avons donné déjà les figures dans les paragraphes précédents et qui ont diverses significations dans ces paragraphes, n'ont ici nulle valeur; il n'y a donc pas lieu d'en tenir compte, s'il s'en présente sur n'importe quelle partie de la ligne de la santé.

La ligne, très courte et *composée* de petites lignes : infirmités dans la vieillesse (fig. D).

S'il part de la ligne de la santé une ou plusieurs petites lignes accidentelles, droites ou obliques pour traverser la ligne de tête, c'est un signe de dérangement d'esprit par suite d'une grande douleur morale (fig. E).

Quand la ligne de santé est coupée par la ligne de tête et que les autres lignes annoncent un travailleur, on peut être certain que l'on se trouve en présence d'un homme destiné à consacrer ses nuits à la science, d'un savant dont les études abstraites compromettront la raison et peut-être l'existence, si d'autres passions ne viennent l'en distraire, l'en détourner et former un dérivatif à ces penchants louables au fond, mais funestes à ceux dont la santé délicate ne peut en supporter les exigences.

LIGNE DU SOLEIL

La ligne du Soleil a pour point de départ le mont de la Lune, ou bien un point de la ligne de vie. Elle aboutit, bien entendu, au mont d'Apollon, à la base de l'annulaire.

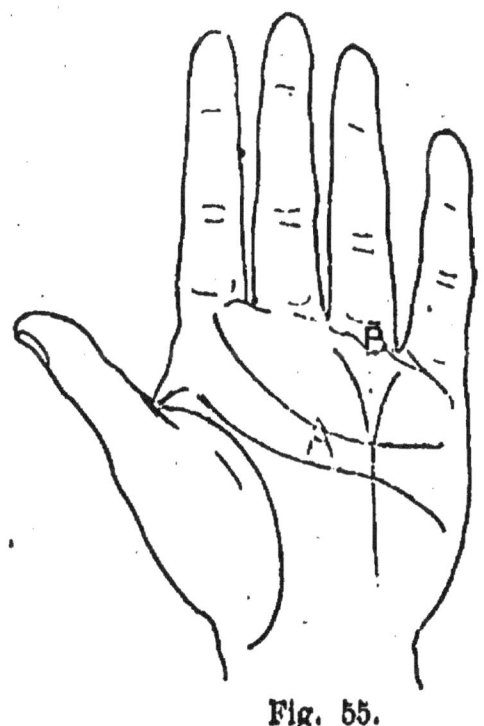

Fig. 55.

Elle signifie à la fois ou séparément : gloire et fortune, amour de l'art et hautes faveurs des puissants de ce monde.

Si elle est nette, droite, creuse et longue, c'est que ces dons qu'elle prédit arriveront avec toute leur puissance et selon vos propres aptitudes : les uns en effet étant destinés à être riches et honorés, les autres à dominer véritablement par les qualités supérieures et le génie.

Si cette ligne est double mais mal tracée, c'est division des efforts et de la volonté ; d'où déperdition des forces et tendance à manquer le but. C'est le vieux proverbe de celui qui court deux lièvres à la fois.

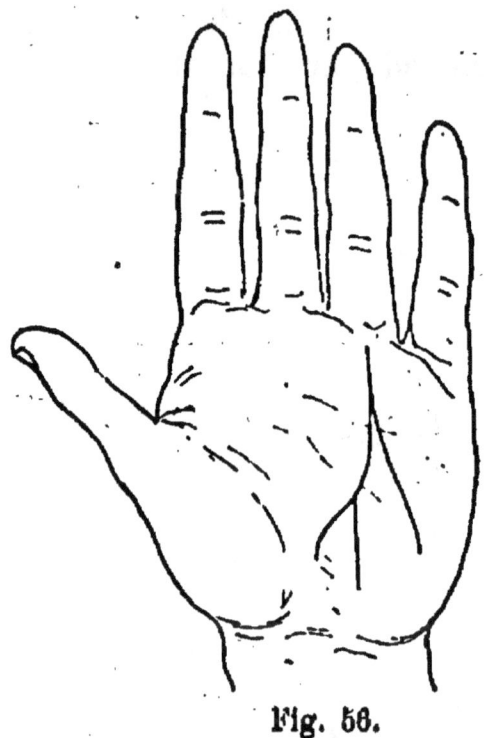

Fig. 56.

Si la ligne ne se divise qu'à sa partie supérieure pour former une sorte d'Y très allongé par en bas, c'est neutralisation complète des tendances (fig. 55, A). Les efforts se contrebalançant n'aboutissent à aucune réalisation.

Si la division supérieure est triple, il y a encore lutte improductive (fig 55, B).

Tous les efforts restent stériles, faute de l'énergie nécessaire pour les faire aboutir.

Mais si, au contraire, les trois lignes forment un faisceau en se dirigeant de bas en haut (fig. 56), c'est l'union féconde de toutes les qualités et de tous les efforts, marque certaine de fortune, de talent, de gloire et d'honneurs.

Dans le cas précédent, on pourra arriver à la fortune et peut-être même à une certaine célébrité, mais le talent n'y sera pour rien.

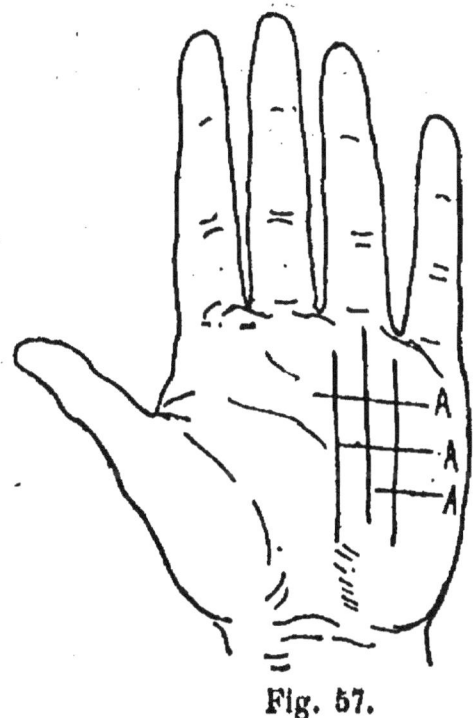

Fig. 57.

L'idéal, c'est que les trois lignes, également bien fournies, restent parallèles dans toute leur longueur (fig. 57).

Heureux ceux qui possèdent ce signe, un des plus beaux de la chiromancie ; ils sont certains d'arriver à la gloire et aux honneurs, et d'acquérir une fortune énorme.

Les lignes transversales (fig. 57, AAA) sont les obstacles qui pourront se rencontrer sur ce beau chemin, mais n'empêcheront pas la réussite finale et complète.

LA PLAINE DE MARS

Il nous reste à étudier la partie centrale de la paume de la main, la *plaine de Mars*, et les lignes du poignet ou la *Rascette*.

LA PLAINE DE MARS

La partie du creux de la main comprise entre le mont de la Lune, les lignes de vie et de tête, inscrite d'ordinaire dans un triangle, se nomme *plaine de Mars*.

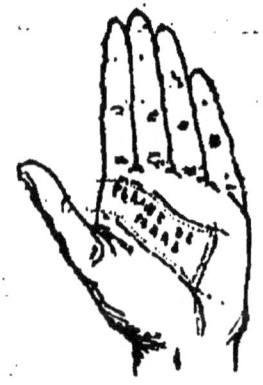

Fig. 58. — La plaine de Mars.

Les lignes qui la traversent ont presque toutes leur point de départ sur une des lignes la contournant.

Seules quelques rares lignes accidentelles et certains signes y sont gravés quelquefois. Nous allons les nommer et les décrire.

Les lignes parallèles, dans n'importe quel sens et ne se rattachant pas aux lignes entourant la plaine de Mars, sont d'un bon augure.

Pour un homme, elles signifient : vigueur et bonne santé (fig. A).

Pour une femme : fécondité, heureuse maternité.

Les triangles et les carrés : nombreux procès (fig. B).

Les ronds, demi-cercles, étoiles : prospérité (fig. C).

Les lignes tortueuses : petites contrariétés (fig. D).

Les grils, échelles et hachures : retards dans les réussites commerciales (fig. E).

Des croix, c'est méchanceté, amour des querelles, tendance aux rixes.

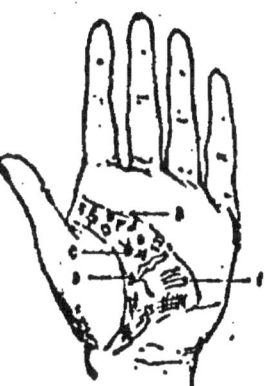

Fig. 59.

La *plaine de Mars* est le plus souvent, avons-nous dit, inscrite dans un triangle. Les trois angles sont :

1. *L'angle suprême ;*
2. *L'angle de droite ;*   } fig. 60.
3. *L'angle de gauche.*

Si ce triangle est spacieux, large et long, il annonce un caractère noble, généreux.

S'il est étroit : c'est mesquinerie, petitesse d'esprit.

Examinons les angles maintenant.

1° *Angle suprême.* — C'est l'angle formé entre le pouce et la base de l'index, par la ligne de vie et la ligne de tête. Lorsque l'angle est aigu, net, bien formé : c'est délicatesse d'esprit, nature noble.

Lorsqu'il est obtus : lourdeur d'esprit ou bien maladresse à se servir de ses facultés intellectuelles. Si cet angle se trouve sur la verticale abaissée du mont de Saturne : vie misérable et sans attrait, conséquence d'une avarice sordide.

2° *Angle de droite.* — Formé par la jonction de la ligne de Mercure et de la ligne de vie ou de la saturnienne, vers le mont de la Lune.

Bien formé et bien coloré : bonne santé, bon cœur, bonheur.

Trop aigu : santé chancelante, vie maladive.

Embrouillé et lourd : paresse, mauvaise nature.

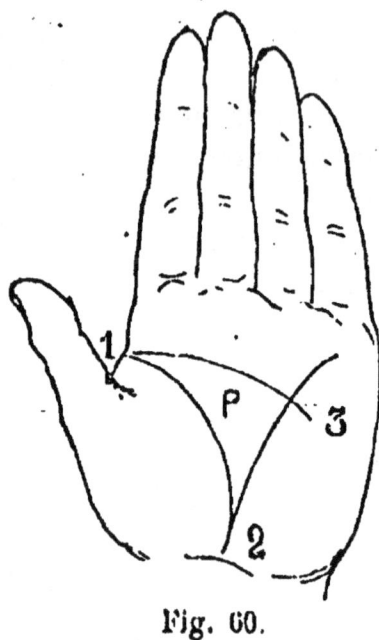

Fig. 60.

3º *Angle de gauche*. — Vers le bas du mont de Mars, formé par la ligne de tête et la ligne de Mercure.

Longue vie, s'il est bien tracé et de bonne couleur.

Méchanceté, tempérament hargneux, s'il est trop aigu.

Inconstance et sottise, s'il est obtus.

Puisque nous sommes au fond de la main, visitons le

QUADRANGLE DE LA TÊTE ET DU CŒUR

qu'on appelle encore la *Table de la main*.

S'il va en croissant de largeur, du pouce vers l'autre bord de la main, c'est une main d'homme loyal et fidèle.

Étroit au milieu, tendances à l'injustice, à la tromperie, à l'hypocrisie.

Si de trop nombreuses lignes le labourent : esprit agité, tête faible.

Une croix nette et bien indiquée dans le quadrangle (fig. A), c'est la marque de dispositions certaines au mysticisme outré, à la folie religieuse ; trop creuse, c'est superstition.

Une étoile bien colorée, indique un homme bon mais faible, que sa femme dirigera à sa guise et dont

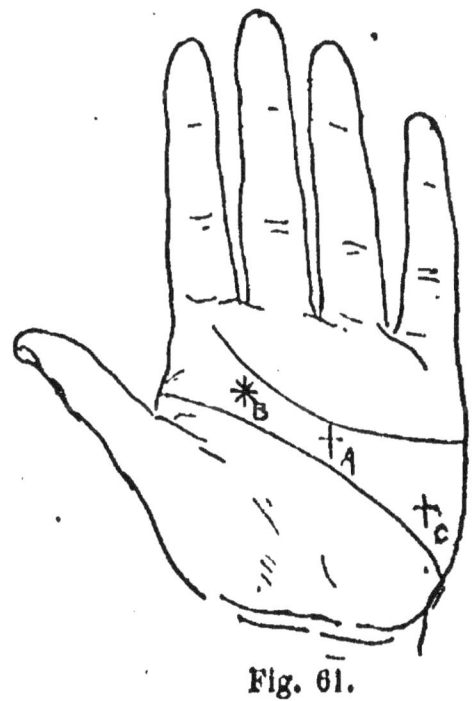

Fig. 61.

elle changera peut-être les bonnes qualités (fig. B). Si cette mauvaise influence entraîne la ruine, ne pas désespérer ; cet homme par ses qualités intellectuelles peut reconquérir les biens perdus.

Une croix nette entre les monts de la Lune et de Mars (fig. C), amour des voyages, passion qui mènera à la fortune.

L'absence du quadrangle est généralement un signe défavorable.

LA RASCETTE

La rascette, ou *restreinte*, est la *ligne de jointure* qui sépare la main du bras. C'est aussi le nom de l'*espace* compris entre les deux lignes du commencement de la main et de l'extrémité du bras.

On nomme aussi rascettes, les lignes qui sont sur le poignet, formant des *bracelets*.

Chacun de ces bracelets représente trente années d'existence, selon les uns ; selon d'autres, ce n'est que vingt années ; d'une façon comme de l'autre, l'erreur est complète.

La ligne de jointure, *première rascette*, représente trente années, à moins qu'elle ne forme pas entièrement le bracelet ; les autres représentent :

1° La seconde et la troisième, chacune vingt années ;

2° La quatrième, la cinquième et la sixième, chacune dix années.

Cependant, si la seconde et la troisième ne forment pas un bracelet *entier*, le nombre d'années se divise proportionnellement à leur longueur.

Ainsi, si ces deux lignes n'occupent que le *quart* de la surface du poignet, elles ne valent chacune que cinq années ;

La moitié, dix années ;

Les trois quarts, quinze années.

Si la quatrième et les suivantes sont inégales, on devra défalquer le nombre d'années par quart, tiers ou moitié.

Ainsi, une personne n'ayant qu'*une ligne de rascette* ne vivra pas au delà de trente ans.

Si la première ligne est complète et que la seconde n'ait qu'une demi-longueur, cette seconde *entière* valant vingt ans, elle n'en vaudra plus que dix ; par conséquent, on devra additionner ainsi : trente années pour la *première ligne*, dix années pour la seconde (*voyez la figure ci-dessous*).

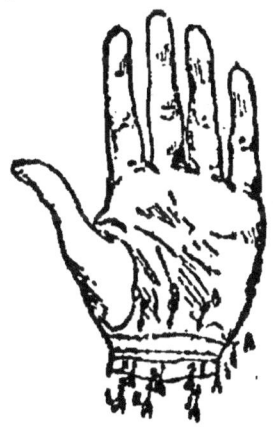

Fig. 62. — Durée de la vie par les lignes de rascette

Les flèches indiquent la longueur de la ligne :
 A. Ligne entière : 30 ans ;
 B. De 5 à 8 ans ;
 C. De 15 à 16 ans ;
 D. De 15 à 20 ans.
Seconde et troisième lignes
 E. Ligne entière : 20 ans ;
 F. 5 ans ;
 G. 10 ans ;
 H. 15 ans.
Quatrième ligne :
 I. Ligne entière : 10 ans ;
 J. De 2 à 3 ans ;
 K. 10 ans ;
 L. De 7 à 8 ans.
Prenons quelques exemples :
Une main n'ayant que la *première* ligne marquée aux

trois quarts, lettre D, assure de 15 à 16 ans d'existence ;

La première ligne *entière* et la seconde marquée jusqu'à la lettre F, 35 ans ; à la lettre G, 40 ans ; à la lettre H, 45 ans ; la seconde entière, 50 ans.

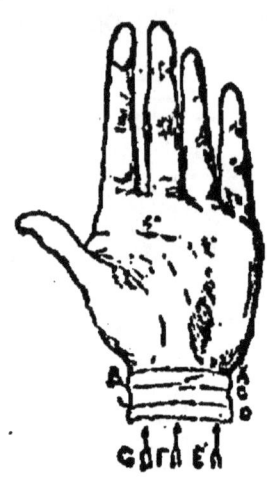

Fig. 63.

Remarque très importante. — Quelquefois les deuxième et troisième lignes ne sont pas *entières*, mais à *elles deux* forment la valeur d'une seule ligne entière ; dans ce cas, elles valent chacune dix années (*voyez la figure ci-dessus*).

Additionnons :

Ligne A, 30 ans
Ligne B, 10 ans } 50 ans.
Ligne C, 10 ans

Cherchons maintenant les fractions dans la ligne D, la quatrième.

Si la ligne est entière, ajoutons 10 ans.

Si elle ne l'est pas, nous compterons :

E. De 2 à 3 ans, ce qui fera 53 ans ;

F. 5 ans, ce qui fera 55 ans ;

G. 7 à 8 ans, ce qui fera 57 à 58 ans.

La même proportion devra être ajoutée si le poignet a une cinquième ou une sixième ligne.

Ce calcul est tellement juste, qu'il est basé sur la longévité de 100 ans pour le nombre maximum des rascettes que nous possédons, et qui est généralement de cinq, six très rarement.

En effet, si ces lignes sont *entières,* nous arrivons au chiffre 100 :

Première ligne.	30 ans ;
Seconde —	20 —
Troisième —	20 —
Quatrième —	10 —
Cinquième —	10 —
Sixième —	10 —
	100 ans.

Les lignes de rascettes formées par de petits chaînons continus, cela annonce que la vie sera sinon misérable, du moins très pénible, et non exempte de très nombreux soucis.

Si l'espace qui se trouve *entre les lignes* est rugueux, plat, dur, sanguin ou traversé par des lignes courbes profondes : servitude, humiliations, vie misérable.

Le même espace non ridé, gras, net, bien coloré, sans le moindre signe : exemption complète de toute maladie, sauf bien entendu le mal qui déterminera la mort à un âge avancé.

Les lignes obliques, perpendiculaires, ou formant des triangles dans le susdit espace, ou *sur* une ou plusieurs lignes rascettes, sont autant de maladies longues et douloureuses.

Tous les autres signes, dont nous avons donné les noms et l'explication dans les précédents chapitres, doivent être considérés comme d'heureux augures, qui marqueront le cours de la vie dans ses petits détails domestiques.

LA VOIE LACTÉE

La voie lactée est une ligne qui double quelquefois la ligne du Soleil ; elle est tellement peu apparente, qu'à première vue, on croit ne pas la posséder, surtout si elle n'est pas régulière, ou si elle est formée par le raccord de plusieurs lignes superposées.

Très rarement elle part de la rascette ; son commencement, dans quatre-vingt-quinze mains sur cent, a lieu à la rencontre de la ligne de santé et de la saturnienne.

Elle traverse, en s'inclinant vers le mont de Mars, les lignes de tête et du cœur, pour se terminer sous le mont de Mercure.

Dans certaines mains, elle n'existe pas.

Dans d'autres, elle commence au mont de Vénus, en coupant brusquement et profondément la saturnienne et la ligne de vie ; dans ce cas le consultant est assuré d'être heureux par les femmes ou, pour mieux préciser, si c'est un homme :

Il fera un mariage heureux, sa femme ayant toutes les qualités désirables.

Si c'est une femme qui consulte : par sa belle-mère, ses belles-sœurs ou des parentes du côté de son mari, elle aura des satisfactions inattendues.

La voie lactée s'appelle aussi ligne de la *passion* ; elle prend ce nom lorsqu'elle est accompagnée dans toute sa longueur par une ligne sœur, elle signifie alors que les passions du cœur sont très développées, qu'elles seront nombreuses et heureuses, c'est une ligne très favorable.

Tous les signes divers et lignes accidentelles dont nous avons parlé déjà en expliquant les autres lignes, n'ont aucune valeur et deviennent nuls s'ils traversent la voie lactée.

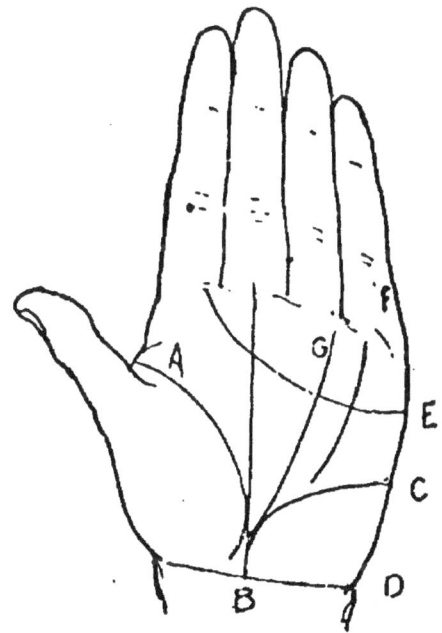

Fig. 64.

A. Ligne de la vie. — B. Ligne de Saturne. — C. Ligne de la santé. — D. Rascette. — E. Ligne du cœur. — F. Voie lactée. — G. Ligne du Soleil.

On ne saurait apporter trop d'attention pour s'assurer si l'on possède cette ligne, qui est, comme nous l'avons déjà dit, quelquefois peu visible ou formée par de minuscules lignes accidentelles ; il est donc indispensable de se servir d'une loupe, afin de ne pas se tromper.

Sa bonne et heureuse influence peut en effet atténuer le mauvais effet d'un mont ou d'une ligne défavorables.

Les célibataires endurcis ne possèdent pas la ligne de la voie lactée, ou bien la laissent s'effacer graduellement et disparaître.

LES LIGNES PARTICULIÈRES

Les chiromanciens entendent par lignes particulières, celles qui *ne se trouvent pas dans toutes les mains;* par conséquent dans ce nombre se classent les *lignes sœurs*, dont nous allons parler plus loin, en leur consacrant un paragraphe spécial.

Les lignes accidentelles que nous avons indiquées dans l'explication des lignes principales font aussi partie des lignes particulières.

Nous nous sommes suffisamment étendus sur les significations particulières de chacune des lignes et de chacun des signes susceptibles d'altérer ou de modifier le véritable sens des lignes principales, pour qu'il soit absolument superflu d'y revenir ici.

Un lecteur attentif aura certainement retenu toutes nos explications, et ne sera nullement embarrassé en face d'une ligne quelle qu'elle soit, quand même elle ne serait pas placée exactement comme celles que représentent les nombreuses figures précédentes, que nous ne pouvons, naturellement, multiplier à l'infini sous peine de créer de la confusion.

Il ne nous reste donc qu'à parler d'une ligne particulière, qui n'a pas grande importance, vu son peu de variétés, et que l'on nomme ligne d'*Apollon* ou *ligne solaire*.

Lorsqu'elle est sœur et ne se trouve pas dans les deux mains, cette ligne qui se termine sous le mont du Soleil signifie, ayant son point de départ :

De la plaine de Mars : dispositions à l'étude des sciences (fig. A).

Partant de la ligne de tête : réussite médiocre dans la première moitié de l'existence et meilleure vers la fin (fig. B).

Pour être fixé sur l'âge auquel arrivera ce changement de fortune inespéré, on devra se reporter à nos explications précédentes et examiner les rascettes, qui indiquent la durée de la vie.

De la ligne du cœur : amour trompé, trahison de ses meilleurs amis (fig. C).

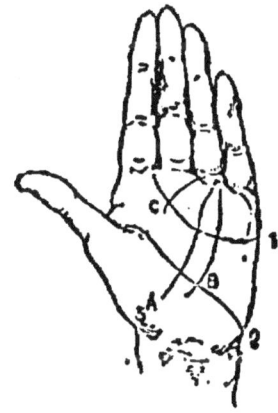

Fig. 65.
1. Ligne du cœur. — 2. Ligne de tête. — 3. Plaine de Mars.

Beaucoup de personnes ne possèdent pas la *ligne d'Apollon*, il ne faut pas s'en alarmer, car, comme nous venons de le voir, elle n'est pas toujours favorable.

Il est cependant préférable de la posséder quand même elle devrait nous annoncer des malheurs ; plus la main est chargée de lignes, meilleur est le pronostic général ; il vaut mieux avoir beaucoup de qualités et beaucoup de défauts que de n'avoir ni les uns ni les autres, d'être un être médiocre, nul, sans passions, mais aussi sans caractère.

LES LIGNES ACCIDENTELLES & LES LIGNES SŒURS

Les lignes accidentelles, comme nous l'avons déjà dit, se composent des lignes particulières, des lignes sœurs et de celles infiniment petites qui sillonnent la main, lignes dont nous avons donné les diverses explications en parlant des lignes principales et au paragraphe précédent, de la ligne d'Appollon ou du Soleil.

Bien que déjà, nous ayons parlé des *lignes sœurs*, comme elles sont très importantes, nous jugeons absolument nécessaire de leur consacrer un paragraphe particulier, ne croyant pas insister trop sur leurs augures curieux qui, quelquefois, modifient et même changent entièrement par leur seule présence, les significations des lignes principales.

Inutile de redire ce que nous avons suffisamment expliqué sur elles dans certaines lignes principales ; seulement ajoutons, comme très important, que le qualificatif *sœur* ne veut pas toujours dire : *ligne parallèle*.

Une ligne principale brusquement interrompue, est *rétablie* par l'assistance d'une ligne sœur qui, en la *coupant d'abord*, se trouve parallèle sur une certaine longueur, pour aller *continuer* après cette correspondance, la ligne principale qu'elle *raccorde*, qu'elle *soude* à elle (fig. 66, A, B et C).

Inutile, n'est-ce pas, de donner une figure semblable pour chaque ligne principale ?

Cet exemple est assez clair pour que l'on puisse l'appliquer aux autres lignes.

Parlons donc maintenant de la conformation des lignes sœurs dans *leurs parcours parallèles*.

Si la ligne est tortueuse, inégale dans sa largeur et dans sa profondeur : ne jamais compter sur l'appui de personne ; si l'on doit réussir, cela ne sera que grâce à ses talents et à sa persévérance.

Si la sœur de la ligne du cœur est courte et remonte se perdre dans un mont quelconque : on restera seul

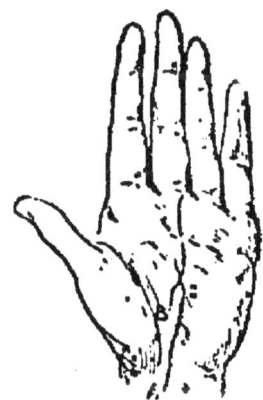

Fig. 66.

A Ligne de Saturne — B, Du point B à la jonction C, la ligne étant parallèle est *sœur* A partir de la jonction C, elle redevient la ligne de Saturne

sur terre, abandonné de ses anciens amis, après la perte des êtres qui étaient les plus chers.

Si la sœur de la ligne de vie l'accompagne sans faire aucune jonction avec elle : longue, très longue vie, malgré les prédictions quelquefois contraires des rascettes, prédictions qui deviennent nulles si l'on a le bonheur de posséder cette rare ligne sœur.

Si, au contraire, la ligne devient *sœur* par le raccord qu'elle fait avec la ligne de vie (même raccord que celui indiqué dans la ligne saturnienne, fig. A, B, C) : l'existence aura la durée indiquée par les rascettes, mais ne sera pas très heureuse, de nombreuses maladies atteignant le consultant dans ses belles années et des infirmités attristan. sa vieillesse

Ces derniers symptômes sont, pour :

La ligne de tête : inimitiés avec ses proches

La ligne de santé : grands soins grands ménagements nécessaires au questionnant, surtout: lu évite les douleurs morales qu. lui sont plus sensibles qu les physiques

La voie lactée · passions malheureuses du cœur (Voir la description spéciale de la ligne sœur de la Voi. lactée, ayant une autre disposition au paragraphe ou traite de cette dernière ligne.)

Les rascettes les lignes secondaires, accidentelles n'ont pas de lignes sœurs

CONCLUSION A LA CHIROMANCIE

Maintenant, aimable lectrice, et vous, incrédule lecteur, ainsi que nous vous l'avons conseillé déjà, lisez et relisez souvent ce que vous venez de parcourir.

Pénétrez-vous des *moindres détails*, avant de vous risquer à prédire à vos amis leur avenir en lisant les signes de la main.

Rendez-vous compte que, à première vue, il n'est pas donné, même au plus intelligent, de pouvoir déchiffrer ces signes mystérieux, malgré nos explications si précises et si claires.

Plus vous lirez souvent le *même* paragraphe sans vous occuper des autres, plus vite vous deviendrez savant ; car c'est en apprenant et en déchiffrant ligne par ligne, mont par mont, partie par partie, que votre esprit ne s'embrouillant pas, rien n'y sera confus et que, sans vous en apercevoir, vous posséderez à fond une science à la fois aimable et récréative, si on la considère comme un jeu seulement, et qui devient utile et réconfortante, si on l'approfondit jusque dans ses conséquences fatales.

Mais nous n'avons pas fini, et à la chiromancie proprement dite se rattache étroitement une science corollaire : la MÉTAPOSCOPIE ou étude des lignes du front, à laquelle nous allons vous initier.

Nous consacrerons également un chapitre à la PHYSIOGNOMONIE, ou science de la divination de l'avenir, au moyen des traits du visage, cette dernière est le complément obligé de la CHIROMANCIE, elles se prêtent mutuellement secours, et telle tendance qui ne serait qu'indiquée par l'étude de la main, vous apparaîtra clairement dessinée dans la physionomie, et *vice versa.*

CHAPITRE VI

MÉTAPOSCOPIE

OU ÉTUDE DES LIGNES DU FRONT

Le front est d'ordinaire barré par sept lignes.

Comme les lignes de la main, chacune d'elles est placée sous l'influence d'une planète et signifie par

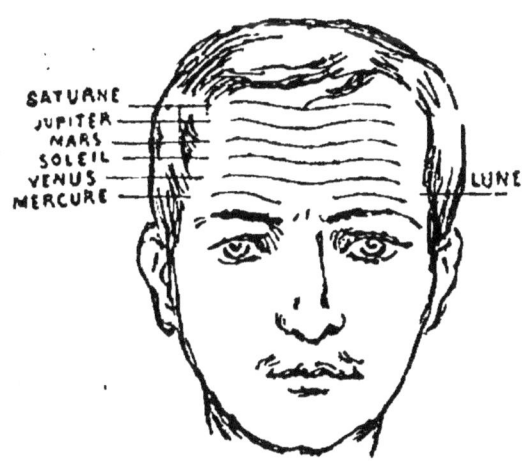

Fig. 67. — Les lignes du front.

conséquent, selon qu'elle est plus ou moins accentuée, plus ou moins bien dessinée, régulière, qu'on possède plus ou moins les qualités ou les défauts inhérents à l'influence de cette planète.

Voici leur ordre, en allant de haut en bas :
- Ligne de Saturne ;
- — Jupiter ;
- — Mars ;
- — Soleil ;
- — Vénus ;
- — Mercure ;
- — Lune.

Ces lignes ne sont pas, comme celles de la main, un indice presque certain de la destinée, elles sont subordonnées à ces dernières ainsi qu'à l'ensemble des traits du visage (voir chapitre suivant : PHYSIOGNOMONIE) ; aussi ne peut-on les accepter comme base d'un horoscope sérieux, qu'autant qu'elles concordent entre elles.

LIGNE DE SATURNE

Placée sous l'influence de cette planète, elle ne peut manquer de caractériser la sagesse et la prudence.

Si elle est très accusée, nette et sans aucune solution de continuité, c'est le signe certain du bonheur, auquel on ne parviendra cependant que grâce à une remarquable patience, à un acharnement au travail aidé par une heureuse et solide mémoire.

Si elle est brisée, interrompue, c'est l'indice d'une vie agitée, semée d'ennuis et de déceptions.

Manque-t-elle tout à fait, vous êtes voué à une série de malheurs causés par votre imprudence et votre légèreté.

LIGNE DE JUPITER

L'influence, sur cette ligne longue et profonde, de la planète la plus brillante, contribue à en faire le signe distinctif d'une existence consacrée tout entière à conquérir les honneurs et la fortune. Caractère volontaire et énergique.

Peu accentuée, courte : esprit médiocre, caractère irréfléchi et inconséquent.

LIGNE DE MARS

Bien marquée, longue, elle indique un caractère belliqueux, d'une audace allant quelquefois jusqu'à la témérité, mais, malheureusement aussi, fougueux et emporté.

Si elle est large, très accentuée, le sujet est d'un tempérament robuste, mais enclin à la brutalité, aux colères furieuses.

Faible, peu accentuée : caractère pusillanime, esprit inquiet et indécis.

LIGNE DU SOLEIL

Bien tracée, profonde, c'est l'emblème par excellence de la générosité, de la grandeur d'âme, c'est la plus belle ligne du front : les avares, les égoïstes et les fourbes en sont dépourvus.

Peu indiquée, faible, le sujet est nul, ni bon ni mauvais, c'est un être terne, incolore, qui restera toujours confondu dans la foule.

LIGNE DE VÉNUS

Le caractère de cette ligne est tout indiqué ; bien dessinée, forte, c'est le signe d'un tempérament ardent, très enclin aux plaisirs de l'amour, auxquels il sacrifiera toutes ses qualités et subordonnera toutes ses actions.

Profonde, large : sensualité pouvant aller parfois jusqu'à la bestialité.

La ligne de Vénus faible, peu accentuée, indique un

naturel indifférent aux choses de la chair, et plutôt porté vers les études abstraites.

Son absence totale (fréquemment observée chez les fakirs de l'Inde), c'est l'ascétisme dans toute sa rigueur, la répulsion instinctive pour le sexe opposé, les mortifications de la chair.

LIGNE DE MERCURE

La parole facile et captivante, l'éloquence sont l'apanage des possesseurs de cette ligne, qui seront aptes à la domination, au commandement.

Si elle n'existe pas, le sujet, incapable d'aucun acte de volonté, subira passivement les arrêts du destin; sans ressort, sans énergie morale, il se laissera facilement terrasser par les malheurs qu'il n'aura pas su conjurer.

LIGNE DE LA LUNE

C'est la marque, si elle est creuse et nette, d'un caractère mélancolique dû aux soucis de la vie ou à des rêves non réalisés.

Les personnes sur le front desquelles n'existe pas cette ligne, échapperont à l'influence de l'astre et seront d'un caractère résolu et décidé, que les autres signes du visage, traités au chapitre suivant, pourront d'ailleurs modifier.

CHAPITRE VII

PHYSIOGNOMONIE

La physiognomonie, comme son nom l'indique, est une science qui enseigne à connaître le caractère de l'homme par l'inspection des traits de son visage.

Le cadre restreint de cet ouvrage ne nous permet pas d'analyser tout ce qui a été dit sur un pareil sujet depuis l'antiquité.

On prétend en effet que les premières études physiognomoniques datent d'Aristote.

Nous allons, dans un simple aperçu, résumer les systèmes des deux physiognomonistes contemporains, les plus connus et les plus célèbres : nous avons nommé Gall et Lavater.

Nous nous sommes attachés dans les chapitres précédents à réagir contre tout système tendant à supprimer le libre arbitre, système qui, en détruisant le principe de la responsabilité des actes, rendrait l'homme esclave de la fatalité et d'un destin aveugle.

Nous voulons au contraire, en faisant connaître à chacun son caractère propre, en lui révélant des instincts qu'il ignore parfois lui-même, le mettre en garde contre ses mauvais penchants naturels et l'inciter à les réfréner, en réformant au besoin ses habitudes antérieures et son genre de vie.

Notre but principal est donc de mettre le lecteur à

même de se perfectionner, de se rendre meilleur, et cela en lui fournissant le moyen de s'étudier, de se connaître.

Quels résultats ne peut-on tirer également d'une étude attentive des personnes qui nous entourent, que nous coudoyons chaque jour? et pour lesquels notre degré de familiarité ne va pas jusqu'à nous permettre d'employer la chiromancie.

Quel vaste champ d'observations livré à la sagacité du lecteur qui ne reculera pas devant la lecture peut-être un peu abstraite des observations des savants que nous avons nommés plus haut!

Nous commencerons par dire quelques mots de la PHRÉNOLOGIE qui fit tant parler d'elle à une certaine époque.

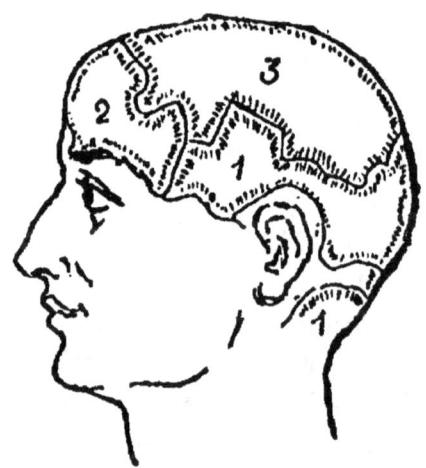

Fig. 68.

Gall, qui fut le fondateur et le promoteur de cette branche de la physiognomonie, prétendait en effet reconnaître tous les instincts bons ou mauvais de l'homme, déterminer toutes ses facultés, toutes ses aspirations, rien que par l'inspection de la forme de son crâne.

Il partait de ce principe, que le cerveau étant le

siège de toutes nos facultés intellectuelles, et présidant à toutes les émanations de la vie morale, était, par son plus ou moins grand développement, l'indice certain du plus ou moins de développement des facultés morales et intellectuelles du sujet.

Enfin, chaque protubérance du crâne correspondant selon lui à une des divisions intérieures du cerveau, il s'était composé, par la comparaison de divers crânes ayant appartenu à des gens connus, une tête modèle qu'il prenait comme base de ses observations; et il se faisait fort, avec son système, de déterminer par simple comparaison toutes les facultés d'une personne quelconque.

Voici en substance le système de Gall.

Il divise les organes cervicaux en trois parties distinctes (voir fig. 68).

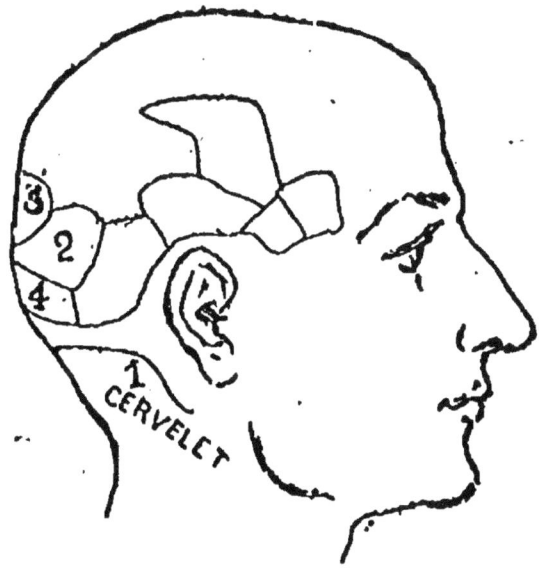

Fig. 69.

La partie 1 est le siège des facultés purement animales, des instincts.

La partie 2 est réservée aux facultés intellectuelles,

Et enfin, dans la partie 3 se réunissent toutes les facultés morales.

Commençons par examiner les divers instincts et penchants susceptibles d'entraîner l'homme en dépit de sa volonté, ceux dont il lui est presque impossible de se défaire complètement.

La partie 1, le *cervelet*, est occupée tout entière par l'instinct de la sociabilité, de l'affection pour le sexe opposé : le cervelet est en général plus développé chez l'homme que chez la femme.

Chez les misanthropes, les ermites, les solitaires, il est à peine apparent.

Son développement excessif indique un tempérament violent, ardent.

Les instincts contenus dans les divisions supérieures 2, 3 et 4 peuvent se résumer en un seul, l'amour de la famille, du chez soi, du bien-être.

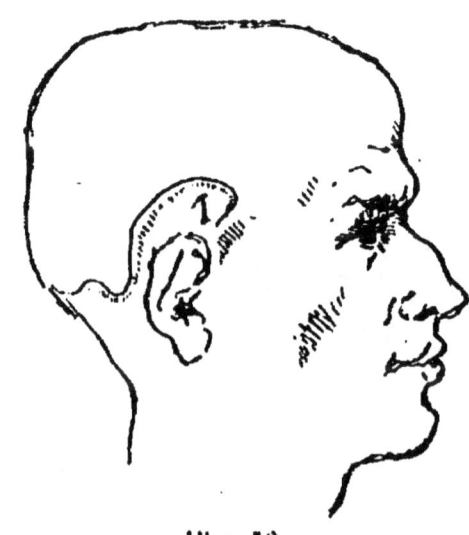

Fig. 70.

L'instinct de la destruction qui, selon Gall, est le plus terrible de tous, celui qui domine et influence tous les autres, est représenté par un bourrelet osseux situé un peu au-dessus et en arrière de l'ourlet supérieur de l'oreille (fig. 70 et 71 : 1).

Son développement excessif est le propre des assassins.

Combiné avec l'esprit de lutte, l'instinct querelleur, batailleur (fig. 71 : 2), sa mauvaise interprétation se trouve beaucoup atténuée ; ce n'est plus alors qu'une tendance à verser le sang, canalisée par la raison et qui, contre-balancée par les autres facultés, peut donner au sujet une certaine aptitude à la carrière des armes.

Fig. 71.

L'instinct de l'accumulation, de l'avarice, est indiqué (1) par la saillie plus ou moins accusée que montre la figure 72.

Là où n'existe pas cet instinct, le sujet est enclin à la prodigalité, l'argent ne lui tient pas aux mains et il le jette volontiers par la fenêtre.

La ruse, l'astuce (2) tiennent de près à ce penchant : combinés ensemble ils peuvent mener au vol (fig. 72).

Si ils s'annihilent mutuellement, c'est un signe de prudence poussée à l'excès.

La gourmandise, l'ivrognerie (3) sont indiquées par une bosse un peu au-dessus de l'oreille (fig. 73).

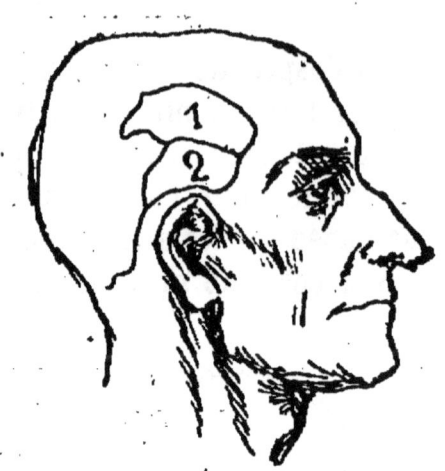

Fig. 72.

La bosse n° 4 qui lui confine est l'instinct de la construction, l'ingéniosité; elle caractérise les hommes

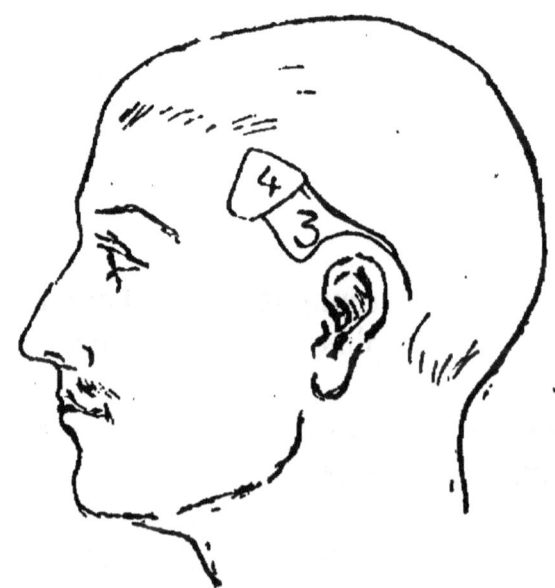

Fig. 73.

habiles, travailleurs acharnés plutôt qu'audacieux, esprits lents, mais méthodiques.

Les facultés intellectuelles, qui résident tout entières dans la partie frontale, peuvent se diviser en 5 parties (fig. 74).

La faculté de l'ordre se trouve indiquée au bas du sourcil (1), celle du calcul, à l'extrémité tout à fait supérieure (2).

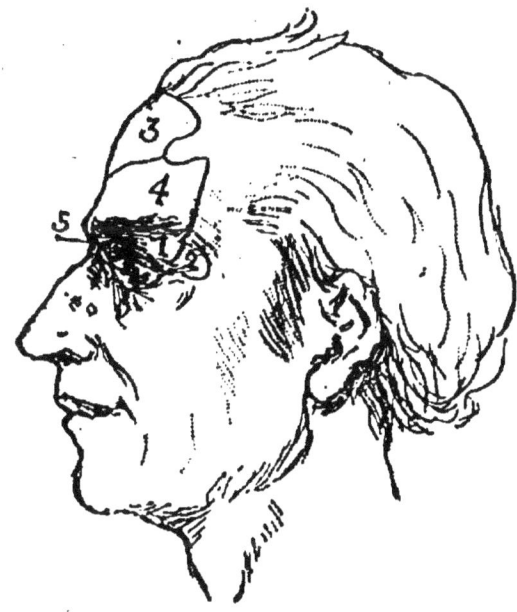

Fig. 74.

Le don de la parole (3) est indiquée par deux saillies plus ou moins accusées du front. Il est propre aux orateurs dont on a souvent remarqué le front bossué, tourmenté.

La faculté comprise dans la partie 4 est celle de la juste appréciation du temps, des distances, des rythmes, c'est la bosse des musiciens.

Enfin, le caractère personnel, l'esprit d'individualité du sujet, sa tendance à se distinguer du commun des mortels, sont indiqués par le bourrelet antérieur du sourcil (5).

La troisième division, qui embrasse toutes les facultés

purement morales, et est de beaucoup la plus importante, comprend les organes cervicaux logés dans la partie supérieure du crâne, ainsi qu'ils sont portés à la figure 76, page suivante.

En premier lieu, nous remarquons la volonté (1), qui, combinée avec l'espérance (2), fait les hommes forts et énergiques.

L'assemblage de ces deux facultés, avec celle de la droiture, de la conscience, de l'honnêteté (3) est la disposition la plus heureuse du crâne.

La faculté de la soumission (4) qui, si elle est trop prononcée peut entraîner jusqu'à la servilité, fait suite à celle de la volonté.

Elle est l'intermédiaire qui mène à la bienveillance, à l'indulgence, que caractérise la protubérance supérieure du front (fig. 75 et (7), fig. 76).

Fig. 75.

Les autres divisions, qui ne sont du reste qu'accessoires, servent à désigner les diverses facultés :

D'admiration (6),
De gaieté (8),
D'enthousiasme (11).

L'amour-propre, le désir de plaire, se trouve à la partie supérieure et postérieure du crâne (9).

Il est voisin de l'orgueil (12), et souvent il est difficile de les distinguer l'un de l'autre.

Enfin la prudence, la circonspection (10) complètent l'ensemble.

Malheureusement, ce système, fort ingénieux en lui-même, pêche un peu par la base.

Quelques-unes des récentes découvertes de la physiologie expérimentale ont démontré, en effet, que les bosses de la boîte crânienne ne correspondaient pas exactement à la forme intérieure et au volume même de la matière cérébrale qu'elles recouvraient.

On s'est aperçu que la plus grosse des têtes humaines n'était peut-être pas la plus remplie et que bien souvent les meilleures dispositions extérieures ne répondaient nullement de la perfection qu'elles faisaient supposer chez ceux qui en étaient pourvus.

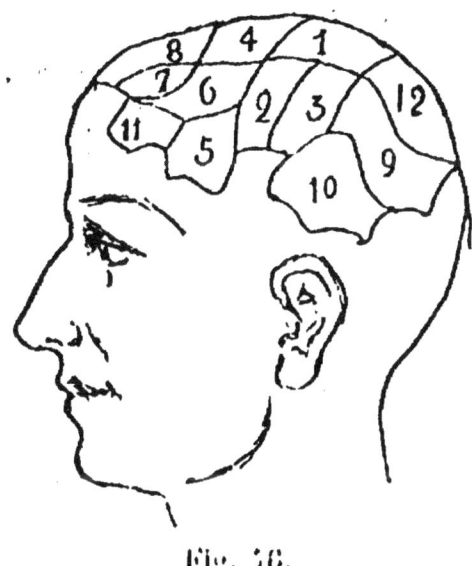

Fig. 16.

En un mot, on reproche à Gall d'avoir pris trop souvent le contenant pour le contenu.

Nous allons passer maintenant à la physiognomonie proprement dite, au système de Lavater, que nous esquisserons seulement à grands traits, afin de ne pas être entraînés plus loin que ne le comporte notre programme.

SYSTÈME DE LAVATER

PHYSIOGNOMONIE PROPREMENT DITE

Le système de Lavater est beaucoup plus étendu, il embrasse en effet non seulement l'étude de la figure, mais aussi celle de l'ensemble du corps.

Rien dans tout l'aspect extérieur du corps humain, ne semblait inutile à ce profond observateur qui, par ses remarques aussi multiples qu'intéressantes, con-

Fig. 77.

tribua à faire de la physiognomonie une véritable science et lui assigna le rang prépondérant auquel elle avait droit.

« Puisqu'il est aussi impossible, disait-il, de trouver deux caractères d'esprit parfaitement ressemblants que de rencontrer deux visages d'une ressemblance parfaite, la différence extérieure du visage et de la figure doit nécessairement avoir un certain rapport, une analogie naturelle avec la différence intérieure de l'esprit et du cœur. »

Sur ce principe, il base tout son système et l'appuie de profils, de bustes, de silhouettes d'hommes connus et pris comme types.

Nous allons récapituler, d'après lui, les divers rap-

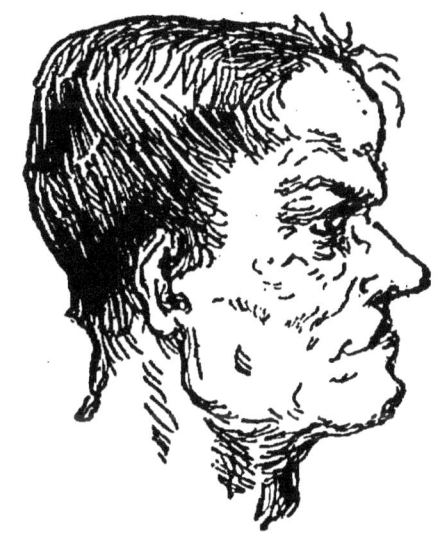

Fig. 78.

ports qu'ont entre elles les facultés intérieures et les formes extérieures.

Tout d'abord, il croit à la *première impression*, à l'espèce d'attraction qu'exerce sur nous, d'une manière générale, tel visage plutôt que tel autre, et il estime qu'un individu doué d'une figure régulière, agréable, a toujours plus de chances de plaire qu'un autre aux traits heurtés, bizarres, trop accusés ou sans caractère.

D'où, selon lui, impossibilité à un coquin d'emprunter la figure et les traits d'un honnête homme.

Ce principe, sans être absolu, a du vrai ; il existe des

physionomies vers lesquelles on se sent entraîné instinctivement, et d'autres qui ont le don de vous inspirer une profonde répulsion (fig. 77 et 78).

Fig. 79.

Ceci posé pour l'ensemble, voyons maintenant comment les détails peuvent modifier cette règle.

Nous ne nous étendrons pas sur la forme de la TÊTE dont nous avons déjà entretenu nos lecteurs aux chapitres précédents.

Cependant, la tête étant le point de départ du caractère général, nous ne pouvons faire autrement que de mentionner les diverses observations de Lavater à son sujet.

Une tête trop petite est un signe de légèreté d'esprit, d'insouciance, c'est la *tête de linotte*, dans la vraie acception du mot (fig. 80).

La tête carrée, aussi large en bas qu'en haut, est un signe d'obtusité d'esprit et d'entêtement (fig. 81).

La tête trop grosse, hors de proportion avec le corps qui la supporte, indique sinon la bestialité, au moins l'inintelligence.

La tête ronde est l'indice de la bonhomie (fig. 82) ; la tête plate, de la ruse et de l'astuce (fig. 83).

Fig. 80.
Une tête de linotte.

Le FRONT, aux lignes duquel nous avons d'ailleurs

consacré un chapitre (voir Métaposcopie) est également un sujet précieux d'observations physiognomoniques.

Haut, il est souvent la marque d'une intelligence

Fig. 81.

supérieure, surtout s'il est traversé d'une veine gonflée qui le coupe perpendiculairement.

Le front étroit est le front des gens à l'esprit positif, mais un peu borné.

Le front bas, déprimé, est un signe de fausseté qui

Fig. 82.

se complique de poltronnerie, de lâcheté, s'il existe une cavité, une dépression au milieu.

Surplombant ou perpendiculaire, c'est la stupidité, l'idiotisme (fig. 84 et 85).

Les yeux qui sont le miroir de l'âme, ne l'oublions pas, ont, plus que toutes les autres parties du corps, exercé la sagacité de Lavater.

Aux yeux bleus et doux il accorde la bonté, la douceur.

Fig. 83.

Aux yeux noirs ou bruns, la fermeté et la décision.

Ces deux grandes divisons établies, il devine le génie dans les yeux d'un brun jaune.

Fig. 84.

Les yeux verts sont l'indice de la constance, de la générosité, de la bravoure.

Bleu clair sont les yeux des paresseux ; et les yeux bleu foncé, de cette teinte que l'on est convenu d'appeler bleu faïence, caractérisent les natures riches, bien douées.

Les yeux gris bleu à la pupille longue et perpendiculaire, rappelant celle des chats, sont l'indice d'un caractère féroce et astucieux en même temps (fig. 87).

Fig. 85.

Les yeux à paupières épaisses, et bien fendus, appartiennent aux gens à tempérament sanguin, et souvent à des hommes remarquables.

Les paupières minces, s'ouvrant sur de grands et

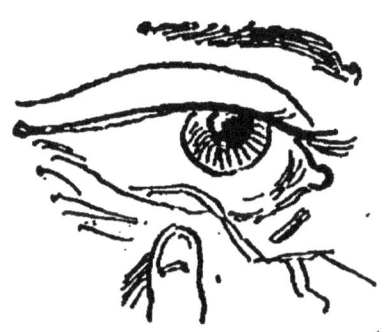

Fig. 86.

beaux yeux sont l'indice du bon goût, de la galanterie et quelque peu de l'orgueil.

Comme règle générale et pour en terminer avec les yeux, nous ajouterons que les yeux petits et vifs sont toujours l'annonce d'un tempérament remuant, actif, d'un esprit rusé et malicieux.

Les grands yeux appartiennent le plus souvent aux gens débonnaires, excellents.

Fig. 87.

Des paupières lourdes et flasques sont presque toujours l'indice de la sensualité, de la bestialité; clignotantes, c'est ou une faiblesse de constitution ou l'empreinte d'un caractère faux et méchant; trop minces, c'est la raideur, l'inflexibilité, elles abritent des yeux hautains, impérieux, habitués au commandement.

Les sourcils bien dessinés, épais, lisses, annoncent un caractère droit, un jugement sain et profond.

Bien arqués, c'est le signe de la bonhomie.

Fig. 88. — Un habitué du *Lapin Blanc*.

Horizontaux, en coup de sabre, ils indiquent de l'énergie.

Placés trop haut, c'est la bassesse, la cruauté, pouvant aller jusqu'à la férocité si l'arcade sourcilière est bien en relief (fig. 88).

S'ils se rejoignent, de façon à former un accent circonflexe, chacun sait que là est le véritable emblème de la jalousie (fig. 89).

Fig. 89.

Enfin, les sourcils rudes, broussailleux dénoncent un caractère vif et brusque, mais souvent sans méchanceté aucune.

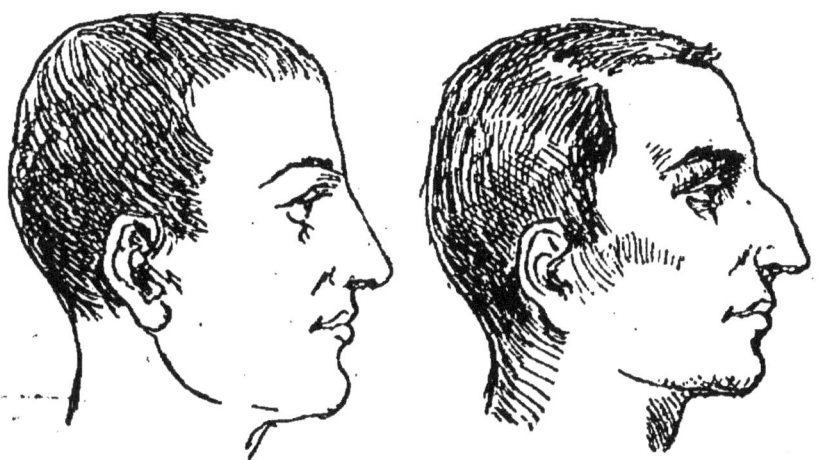

Fig. 90. — Nez droit ou grec.   Fig. 91. — Nez aquilin.

Les beaux nez sont rares, c'est un fait connu.

La perfection est d'ailleurs difficile à définir en pareille matière.

Quelques-uns penchent pour le nez droit, le nez *grec* qui indique un esprit sérieux, un caractère honnête et droit (fig. 90).

Le nez *aquilin* ou nez en bec d'aigle, est le nez des gens à l'esprit dominateur, inflexible (fig. 91).

Le nez épais, large, est un indice de facultés supérieures ; les narines échancrées appartiennent aux esprits doux, dociles, aux caractères conciliants.

Les grands nez indiquent la probité, l'honnêteté et annoncent en même temps une bonne santé.

Les nez camus dénoncent des passions basses, de la cruauté, de la paresse, de l'ivrognerie (fig. 92) ; toute une collection de vices dégradants et de passions honteuses (fig. 94).

Enfin, Lavater prétend qu'un beau nez est incompatible avec une mauvaise nature, mais nous ne saurions être aussi affirmatifs sur un pareil sujet, toute règle souffrant des exceptions et les règles de la physiognomonie plus que toutes les autres.

Fig. 92.

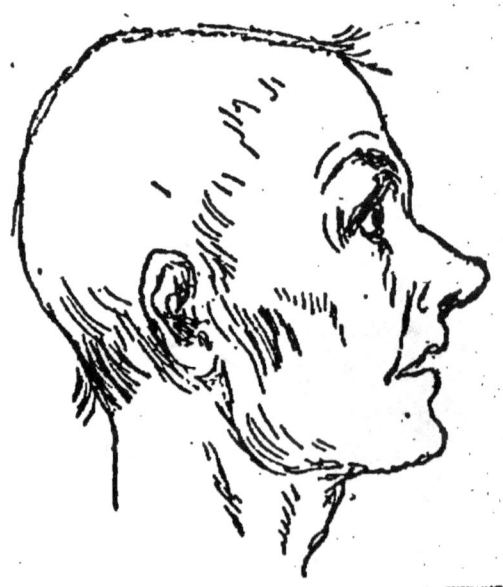

Fig. 93.

De la BOUCHE, peu de chose à dire. Chacun sait que les lèvres épaisses, lippues, indiquent la sensualité poussée à l'extrême, la gourmandise et la voracité.

Fig. 94.

Les lèvres minces appartiennent aux gens méticuleux, ordonnés, et plus particulièrement aux avares.

La lèvre supérieure avance-t-elle c'est un signe de bonté ; pour la lèvre inférieure, cette disposition caractérise l'insouciance, l'indifférence.

Ceux qui tiennent d'ordinaire la bouche fermée, serrée, sont des gens résolus.

Le caractère indécis, pusillanime, est dévolu à ceux qui marchent toujours la bouche ouverte, on les caractérise sous le nom de gobe-mouches ou de badauds (fig. 93 et 95) ; on en rencontre souvent le long des promenades publiques et à la musique militaire dans les petites villes de province, devant les étalages à Paris, ou sur le haut des quais à regarder couler l'eau : êtres nuls, qu'aucune affaire ne réclame, qu'aucune passion n'appelle, et dont la principale occupation consiste à contempler le vol des

Fig. 95.
Le parfait gobe-mouches.
(Type de badaud.)

mouches, pendant l'été, ou la chute de la neige, pendant l'hiver.

Les JOUES sont également matières à observations.

La sécheresse de cœur est le lot des gens à joues maigres et rentrées, et la jalousie, de ceux qui ont les joues triangulaires et creuses en même temps.

Fig. 96.
Un gibier de potence.

Les joues charnues sont le propre de la sensualité.

Relevées vers les yeux, elles indiquent la sensibilité, la noblesse de cœur.

Flasques et tombantes, c'est la grossièreté, la bestialité, la gourmandise exagérée, l'ivrognerie.

Les pommettes saillantes, qui caractérisent le tigre, indiquent la soif de sang, la férocité chez l'homme, quand elles sont en même temps très colorées (fig. 96 et 97).

Chez la femme, c'est la marque d'un profond égoïsme et d'une grande sécheresse de cœur.

Le MENTON qui, carré, inspire de la confiance et implique l'honnêteté, la droiture, devient un indice de ruse quand il est avancé; d'avarice, quand il est crochu, et de sensualité quand il est double.

Le menton petit, indique la timidité; rond et avec une fossette, la bonté, la bienveillance; fendu, c'est un signe de résolution, de virilité, de courage.

Les DENTS n'ont donné lieu qu'à peu d'observations,

en raison des influences extérieures qui en modifient profondément le caractère.

La force physique est l'attribut des dents petites et courtes.

Blanches et bien rangées, elles annoncent l'honnêteté, la bonté; longues et larges, la santé.

Avec les OREILLES, nous allons terminer l'examen des traits du visage.

L'oreille large et unie, est un signe de développement des facultés intellectuelles (fig. 98).

Plates, sans rebords, c'est un signe d'intelligence, qui se complique d'entêtement quand l'oreille est collée au crâne.

Fig. 97.

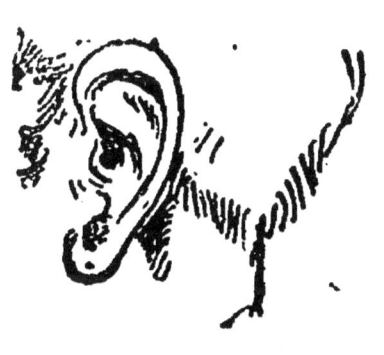

Fig. 98

Les oreilles détachées, sans exagération cependant, indiquent les bonnes natures.

Les CHEVEUX n'ont donné lieu qu'à peu d'observations, leur couleur notamment se rattachant d'une façon générale au tempérament. Nous dirons seulement que les cheveux fins et soyeux appartiennent toujours aux heureuses natures et les cheveux durs, épais, raides, aux caractères plus tranchés, plus accusés.

Ceci, bien entendu, sous réserve des climats et des circonstances qui peuvent modifier cette règle générale.

Quant à l'ensemble du corps humain, nous ne suivrons pas Lavater dans toutes les divisions qu'il établit, et qu'il est souvent bien difficile d'observer.

Nous nous bornerons à répéter avec lui que, d'une manière générale, la vertu embellit en donnant aux traits du visage une quiétude, une douceur que l'on ne rencontre pas chez les individus dominés par des passions brutales.

Que le vice enlaidisse, personne n'en pourra douter en contemplant les figures hâves et flétries des criminels, leurs traits bas et vils, leur regard sournois ou cynique.

Aussi, chers lecteurs et aimables lectrices, comme conclusion à ce petit chapitre, nous ne pouvons que vous engager à vérifier sur vous-mêmes l'exactitude de cette assertion

Si, comme nous le souhaitons, vous êtes déjà doués d'un physique agréable, n'en soyez pas moins persuadés que vous ne pourrez qu'augmenter vos attraits et vos charmes par la pratique de toutes les vertus.

APPLICATION PRATIQUE

DE LA CHIROMANCIE ET DE LA PHYSIOGNOMONIE

Maintenant que nous avons indiqué, d'une façon brève mais aussi précise qu'il nous a été possible de le faire, quelles étaient les règles fondamentales de ces sciences, nous allons vous enseigner le moyen le plus facile de les mettre en pratique et d'en tirer des conclusions certaines.

L'ordre, en toutes choses, est une condition essentielle de succès, surtout ici, où il est nécessaire de combiner les divers présages annoncés par tel ou tel signe, et qui parfois semblent se contredire.

Il ne faut pas procéder au hasard, il faut aller de déduction en déduction.

Notre méthode est simple et facile et nous sommes persuadés, qu'avec un peu d'exercice, chacun pourra devenir sinon habile chiromancien, au moins passable physionomiste.

N'aurions-nous réussi qu'à exciter l'esprit d'observation de nos lecteurs, que ce serait déjà un résultat dont ils nous sauraient gré dans la suite.

Prenons d'abord *l'ensemble de la main* et examinons-en le caractère général :

La main est-elle longue, large, grasse, maigre, nerveuse ou sanguine, pâle ou colorée, molle ou ferme moite ou sèche ? notons le résultat de cette première observation qui va nous fournir sur le tempérament du sujet les plus utiles renseignements.

Pour connaître ensuite ses instincts, ses aspirations, ses facultés intellectuelles et morales, nous examinons *la forme des doigts*, celle du pouce en particulier, nous voyons quel est le doigt le plus fort, le plus important comparativement aux autres, à quelle influence il est particulièrement soumis, enfin si ce doigt est carré, pointu ou spatulé, lisse ou noueux, long ou court.

Regardons ensuite *l'intérieur de la main*, examinons-en les divers *monts*, et ensuite passons aux LIGNES.

Nous interpréterons leurs diverses significations en nous reportant à ce que nous savons déjà du caractère du consultant, car il est bien entendu que tous les signes doivent se coordonner entre eux et n'ont de valeur exacte et certaine qu'autant qu'ils se complètent mutuellement.

Après les *lignes principales*, nous passons aux *lignes accidentelles* et aux *lignes sœurs* : nous avons vu en effet que celles-ci pouvaient jusqu'à un certain point atténuer ou même modifier le sens des lignes principales.

Après avoir noté les diverses observations recueillies ainsi successivement, nous les complétons par l'étude de la *physionomie*, qui nous sert alors de contrôle, et si nous avons suivi bien attentivement les règles et préceptes que nous venons d'énumérer dans ce volume, nous tomberons d'accord, et sans nul doute, le résultat de notre deuxième examen concordera parfaitement avec ce que nous aurons déjà appris en premier lieu.

TABLE DES MATIÈRES

INTRODUCTION

Définition et but de la chiromancie 5

CHAPITRE PREMIER

Description de la main normale 7
    Réponse aux incrédules 9
    Les doigts et les jointures 10
    La paume de la main 11
    Choix de la main à étudier 15

CHAPITRE II

Examen général de la main 17
    Forme des doigts 21
    Le bloc de la main 25
    Les ongles 27
    Les jointures des doigts 29
    Jointures supérieures 29
    Jointure du pouce 30
    Jointure de l'index 31
    Jointure du médium 31
    Jointure de l'annulaire 32
    Jointure du petit doigt 34

CHAPITRE III

Les monts 35
    1° Mont de Vénus 35
    2° Mont de Jupiter 41
    3° Mont de Saturne 43
    4° Mont du Soleil 46
    5° Mont de Mercure 48

TABLE DES MATIÈRES

6° Mont de Mars	50
7° Mont de la Lune	52
Quelques mots encore sur les monts	54

CHAPITRE IV

LES LIGNES	55
1° Ligne de cœur	57
2° Ligne de tête	60
3° Ligne de vie	64
4° Ligne de la fatalité	68

CHAPITRE V

SECONDE SÉRIE DE LIGNES	73
L'anneau de Vénus	73
Ligne de la santé	76
Ligne du Soleil	79
La plaine de Mars	82
Quadrangle de la tête et du cœur	84
La Rascette	86
La Voie lactée	90
Les lignes particulières	92
Les lignes accidentelles et les lignes sœurs	94
CONCLUSION A LA CHIROMANCIE	97

CHAPITRE VI

MÉTAPOSCOPIE	99

CHAPITRE VII

PHYSIOGNOMONIE	103
APPLICATION PRATIQUE	125

www.ingramcontent.com/pod-product-compliance
Lightning Source LLC
Chambersburg PA
CBHW060200100426
42744CB00007B/1109